中公新書 2208

岩崎育夫著

物語　シンガポールの歴史

エリート開発主義国家の200年

中央公論新社刊

はじめに

シンガポールは、政治の安定と高い経済水準を誇る、赤道直下の東南アジアの国である。シンガポールの地は一八一九年にイギリス植民地となり、一九六五年にマレーシアから分離して独立国家になった。イギリス植民地以降の歴史は二〇〇年にも満たない若い社会であり、独立国家の歴史も五〇年ほどである。また、独立国家といっても、国土面積は東京二三区よりも少し広い程度（七一四・三平方キロ）、人口は横浜市とほぼ同じ約三八〇万人の小さな島国都市国家である。国民は、アジア各地から移民してきた人々の子孫からなり、華人（七四%）、マレー人（一三%）、インド人（九%）などで構成される多民族社会である。

シンガポールがアジアや世界で注目されるのは、多くのアジア諸国が独立後に政治社会混乱や経済停滞が続くなかで、マレーシアからの分離独立後は、英語教育エリートを軸にした人民行動党の長期政権の下で政治が安定し、日本やアメリカなど先進国企業の国際加工基地として、また東南アジアの金融センターとして発展したことにある。二〇一一年現在、シンガポールの一人当たり国民所得は五万一七一四ドルで、日本の四万五九二一ドルを抜いて、アジア第一位である。

都心部には高層ビルが林立し、ビジネス街ではシンガポール人だけでなく、日本人や欧米人などのビジネスマンが忙しげに行き交う姿をみると、シンガポールが国際ビジネス都市であることを実感できるし、モダンで小綺麗なショッピング街は、気楽な姿の観光客や地元の買い物客で賑わっている。都心部の街並みは日本の都会とほとんど変わりがなく、一瞬、自分が東南アジアの地にいることを忘れてしまう。だが、一歩、路地裏に足を踏み入れると、そこには、まぎれもなくアジアの伝統社会の生活空間が拡がっている。一九世紀初頭に歴史が始まった何の資源もない若い国で、なぜ急速な発展と近代化が可能になったのだろうか。

シンガポールに対して湧く疑問の一つは、なぜ、小さな都市国家が誕生したかにあるが、その理由は、地域におけるマレー人と華人との民族対立にあった。もう一つの疑問は、天然資源がほぼ皆無な国で、なぜ経済発展が可能になったのかにあるが、それは、国家主導型の開発にあった。

すなわち、国土が小さく何の資源もないなか、世界とつながった経済発展こそが唯一の生存の道であるという考えの下で、政府が開発関連機関を体系的に整備し、社会の有能な人材を開発官僚として確保し、彼らが必死に先進国企業を誘致して、これらの企業が活動しやすい環境整備に努めたこと、政府自らも開発に参加して官民一体の開発方式を進めたからである。

シンガポールは、経済発展を最大の国家目標に設定し、政治や社会は、その手段とみなされたのである。このような国家は開発主義国家と呼ばれ、一九七〇〜八〇年代のアジアには韓国やインドネシアなどいくつかの国で登場したが、シンガポールはそのモデル国でもあった。

本書は、二〇〇年ほど前にはジャングル同然だった熱帯の無人島が、なぜイギリス植民地になり、どのようにして移民が集まり社会が形成されたのか、第二次世界大戦後はどういった政治過程を経て独立国家になったのか、独立後はどのようにして人民行動党という政党による一党支配体制が成立し、それを基盤に経済開発を進めたのか、国民はそれをどう受け止め、移民社会がどのように変容したのか、今後はどの方向に向かうのかなど、シンガポールの大きな歴史潮流をつかむことを試みる。

その際、シンガポールの支配者が誰だったかを基準に、イギリス植民地時代、日本占領時代、自立国家の模索時代、そして独立後は、リー・クアンユー時代、ゴー・チョクトン時代、そして、現在のリー・シェンロン時代に時期区分して、それぞれの時代の動きと特徴をみていく。

また、シンガポールは小国ながらも、マレーシア、イギリス、中国、日本、アメリカなど世界の主要国と、それぞれの時代に、さまざまな分野で密接に関わってきたので、これら諸国との関係も視野に入れる。

なお、本書の用語法を説明しておくと、一般的に移民中国人は、植民地時代は華僑、独立後は華人（中国系シンガポール人）と呼ばれるが、本書は、戦前期は中国人か華僑、戦後期は華人で統一する。マレー人とインド人も、独立後は、正確にはマレー系シンガポール人、インド系シンガポール人と表記すべきだが、便宜的にマレー人とインド人の用語を使う。また、マレーシアも、イギリス植民地時代と独立当初はマラヤと呼ばれ、マレーシアになるのは一九六三年以降のことだが、基本的にマレーシアの呼称を使い、マラヤの呼称は文脈に応じて適宜使うことにする。

本書は、歴史的事実を踏まえながらも、それぞれの時代の主要な出来事の意味、現代シンガポールを創り上げたリー・クアンユーの評価、シンガポールがアジアや世界に持つ意義などについても、筆者の独自の解釈を交えながら叙述と考察を進めていく。

読み終えた後に、読者がシンガポールの辿った大きな歴史過程をつかみとり、シンガポールはどういう国なのか、アジアや世界のなかでみたシンガポールの特徴について、一つのイメージを描けたならば幸いである。

目次

はじめに　i

序章　シンガポールの曙——一九世紀初頭……3

1　植民地化——ラッフルズの「発見」　4

2　自由貿易港と移民者たち　9

第1章　イギリス植民地時代——一八一九〜一九四一年……15

1　イギリスの統治体制　16

2　移民たちの流入　22

3　ミニ・アジアの「モザイク社会」　32

第2章　日本による占領時代——一九四二～四五年……41
1　「昭南島」支配——粛清と強制献金　42
2　占領下の住民生活——自立意識の萌芽　48
第3章　自立国家の模索——一九四五～六五年……57
1　独立運動の担い手——英語・華語教育集団　58
2　人民行動党政権の誕生　68
3　マレーシア連邦時代——共存から追放へ　78
第4章　リー・クアンユー時代——一九六五～九〇年……87
1　人民行動党一党体制の確立　88
2　国防体制の構築——孤立回避　107

3 開発主義国家――特異な教育制度と管理システム 114
4 国民統合の社会工学――種族融和と英語化政策 141

第5章 ゴー・チョクトン時代――一九九一～二〇〇四年……153
1 ゴー首相下のリー体制 154
2 保守的な中間層と外国人労働者 164
3 アジアへの経済接近 174

第6章 リー・シェンロン時代――二〇〇四年～……183
1 「リー王朝」批判と管理政治 184
2 経済の新局面 197
3 政治の「分岐点」――二〇一一年の総選挙 208

終章　シンガポールとは何か……225
1　宿命的構造と特質　226
2　リー・クアンユーという存在　236
3　アジアの一国として　242
あとがき　247
主要参考文献　255
付録　経済成長率と一人当たりのGDP推移　257
シンガポール関連年表　262

物語　シンガポールの歴史

エリート開発主義国家の２００年

シンガポール全島図

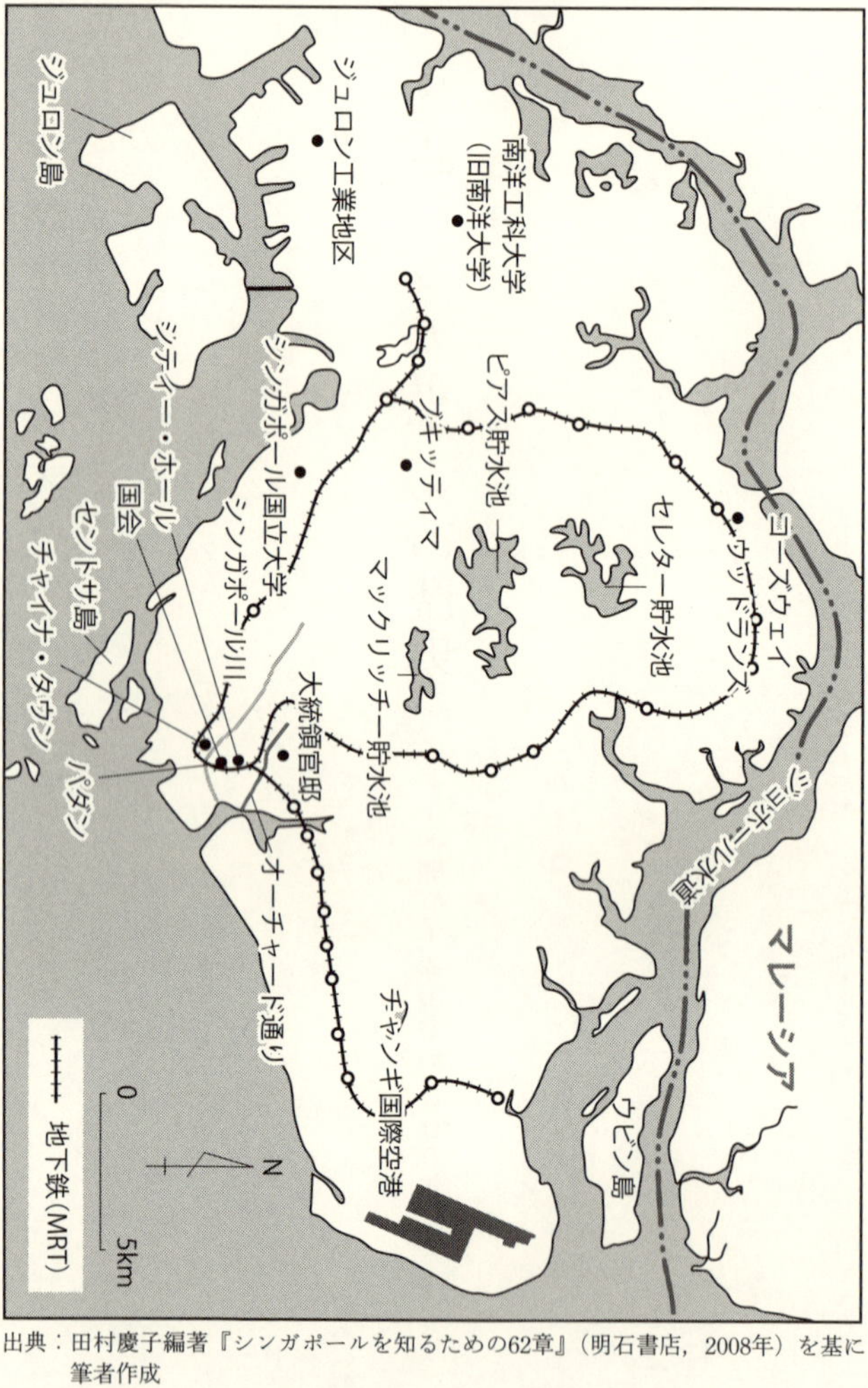

出典：田村慶子編著『シンガポールを知るための62章』（明石書店，2008年）を基に筆者作成

序章　シンガポールの曙——一九世紀初頭

1　植民地化——ラッフルズの「発見」

ジャングルに覆われた海賊の島

シンガポールは、マレー半島南端のジョホール州の南に位置し、マレー半島とは幅一キロほどのジョホール水道を挟んで隔たる、東西約四二キロ、南北約二三キロの菱型の島である。マレーシアの歴史書によると、この島はかつてスマトラ島南部の港町パレンバンを拠点にするシュリービジャヤ王国の領土に属し、「テマセク」（海の街）と呼ばれていたが、その後、「シンガプーラ」（シンガポール、ライオンの街）と呼ばれるようになった。

近代になると、マレー半島に誕生したイスラーム王朝の一つジョホール王国の領土となる。一九世紀初頭の島の住民数については諸説あるが、一五〇人ほどというのが現在の定説である。当時、一三〇人ほどのマレー人が、島南端に流れ出るシンガポール川河口付近で漁業を営み、二〇人ほどの中国人が、島の内陸部のジャングルを開墾して農業を営んでいた。島は、これ以外はジャングルに覆われた未開地で、とりわけジョホール水道に面した北部の一帯は、マラッカ海峡を行き交う船舶を襲撃する海賊の格好の棲家だった。

イギリスがシンガポールを植民地にしたことで、近現代シンガポール史が始まるが、なぜ、ジャングル同然の島が植民地になったのか、それを知るには、近代におけるイギリスのアジアと世界における貿易戦略をみる必要がある。

イギリスの世界自由貿易帝国

ヨーロッパ諸国は近代になると世界を植民地化したが、東南アジアの植民地化は、一五一一年のポルトガルのマレー半島の港町マラッカ占領に始まり、七一年のスペインによるフィリピンのマニラ占領、そして、オランダのインドネシア・ジャワ島のジャカルタと続いた。これらはいずれも、アジアにおける貿易拠点の確保を目的に行われたものである。

ヨーロッパ諸国のうち、アジア最大の植民地支配国になるのが少し遅れて来たイギリスである。他のヨーロッパ諸国に比べると、イギリスの植民地化には二つの特徴があった。

一つは、イギリス植民地は、北米（アメリカやカナダ）、中米（西インド諸島）、アジア（インド、ミャンマー、マレーシア）、アフリカ（南アフリカなど）、オセアニア（オーストラリアやニュージーランド）、中東、と世界全域に拡がっていたことである。この世界を股にかけた植民地群が大英帝国であった。

もう一つは、これらの植民地だけでなく、経済力や軍事力を行使して、イギリス主導の世界貿易体制に組み込んだ国や地域があったことである。前者は一般に「公式帝国」と呼ばれ、後者は「非公式帝国」と呼ばれるが、大英帝国はこの二つのうえに成り立ち、これらを自由貿易ネットワークがつないでいた。

再びアジアに目を転じると、一六世紀の東南アジアは「貿易の世紀」と呼ばれ、イギリス主導の世界貿易体制が形成される前から、アジア勢力による交易が活発に行われていた。この時期の東南アジアには、各地で世襲制の国王が支配し、交易を経済活動基盤にする王朝が誕生したが、このような国は「港市《こうし》国家」と呼ばれた。代表的なものにマレーシアのマラッカやタイのアユタヤなどがあるが、これらの港市国家には東南アジア商人の他に、中国やインドや中東の商人、さらにはヨーロッパ商人も滞在して、賑やかな国際都市の様相を呈していた。

イギリスのシンガポール植民地化は、このような状況を背景に行われたもので、イギリスはシンガポールを東南アジアにおける自由貿易ネットワークの拠点にしようと考えた。

インド・中国貿易の中間地を求めて

イギリスのシンガポール植民地化は、具体的には次のような経緯を辿る。

ヨーロッパ諸国は一八世紀頃から、アジアの国々を順次、植民地化したが、最大のターゲットは歴史文化大国で、かつ当時における世界の経済大国であるインドと中国であった。まず、地理的にヨーロッパから近いインドをめぐって、イギリスとフランスの間で争奪戦が行われ、最終的にイギリスが勝利した。インドの植民地化は、一六〇〇年にアジア貿易のために設立されたイギリス東インド会社の手で行われ、同社は民間企業とはいえ、自前の軍隊を持つなど実質的にミニ国家に相当するものだった。

イギリス東インド会社はインドを植民地化すると、インドを拠点に中国との交易を望んだ。交易ルートは、同社の拠点が置かれたカルカッタを出発し、マラッカ海峡を通過して、南シナ海経由で中国の沿海都市にいたるのが一般的だが、ただ、当時はインドと中国間のノンストップ航海ができず、途中で水や食糧を補給する寄港地を必要とした。それには、マラッカが最適だったが、マラッカは一五一一年にポルトガルが占領し、その後、一六四一年にイギリスのライバルであるオランダの手に落ちて、その支配・影響下にあった。

S・ラッフルズ

そのためイギリス東インド会社は、マラッカよりも南の地にイギリス船舶の寄港地を確保することをめざす。この重要任務を負ったのが、イギリス東インド会社職員で、当時スマトラ島のイギリス植民地ベンクーレン準知事のスタンフォード・ラッフルズである。ラッフルズは、一四歳のときにイギリス東インド会社の職員となっていたが、ほとんど教育を受けていないにもかかわらず、マレー語をはじめジャワ語などの地域言語に精通していた。またジャワ史を記すなど、熱心な博学の東南アジア地域研究者と言える存在でもあった。こうしたラッフルズの知識がシンガポールの植民地化に際して役立つことになる。

ラッフルズのシンガポール島上陸

一八一九年一月二八日、ラッフルズは港として優れた格好の島を見つけた。それが、島南部が天然の良港で飲料水の補給も可能なシンガポール島である。ラッフルズは、島の南端に流れ込むシンガポール川河口を少し遡上《そじょう》した、「カンポン」と呼ばれる小さなマレー人集落のある場所に、補助士官ウィリアム・ファークハル、それに兵士や船員や助手など一二〇人ほどのインド人とともに上陸した。

ラッフルズがさっそく島の事情を調べると、シンガポール島はジョホール王国の領土に属し、支配者スルタン（国王）は別の島に住み、オランダの影響下にあることがわかる。シンガポールの植民地化にオランダが反対することは確実であった。しかし、さらに事情を調べると、イギリスに都合のいいこともわかってき、現在のスルタンは、一八一二年に前スルタンが死去した後、兄弟間の王位継承争いの末に弟が就任したもので、兄は不満を抱いていた。ラッフルズは、この王位継承争いを狡猾《こうかつ》にも利用し、兄を正統なスルタンであるとして就任させ、交換条件として、スルタンに毎年五〇〇〇ドルの年金を支払う条件で、シンガポール川河口付近一帯をイギリス東インド会社の領土とすることを認めさせたのである。一八一九年二月六日、両者の間で条約が結ばれた。イギリス植民地シンガポールの誕生である。

しかし、この条約締結はイギリス東インド会社本部の了解を得たものではなく、明らかにラッフルズの越権行為であった。また、ラッフルズが懸念したとおり、オランダはイギリスのシンガポール植民地化に反対し、ロンドンのイギリス東インド会社本部も、ラッフルズの勝手な行動を非難する。しかし、紆余《うよ》曲折があったものの、最後には既成事実が物を言い、オランダは反対を取り下げ、イギリス東インド会社本部も承認したのである。

一八二四年にスルタンと新たな契約が交わされ、毎年一万八〇〇〇ドルを支払う条件で、シンガポール全島がイギリス東インド会社の領土（イギリス植民地）になったのである。

2　自由貿易港と移民者たち

「先見の明」と自由貿易港

ラッフルズは、シンガポール島に上陸してから約五ヵ月後の一八一九年六月一〇日、イギリスに住む友人に宛てて次のような内容の手紙を書いた。

この手紙がどこから投函されたのか、地図を調べなくてはならないでしょうね。私がシンガポールに確立した拠点の永久性を、私が重視していることについて、何も言いますまい。それは私の子どもであります。マレー研究を行っていなければ、そのような場所があったことを私はおそらく知らなかったでしょう。ヨーロッパ世界だけでなくインド世界も、その存在を知らなかったのですから。〔中略〕ここはどの点からみても、われわれが所有する植民地の中で最も重要で、かつ最も費用と手間のかからないものになると思われます。われわれの目的は領土ではなく交易です。〔中略〕シンガポールは東洋において、西洋におけるマルタのような存在になるでしょう。

（歴史学研究会編『世界史史料9』三五一～三五二頁）

ラッフルズが、ロンドン本部の意向に背いてまでシンガポールの領有を強硬に主張したのは、マラッカ海峡の南の出口に位置し、かつ東南アジア海域の真ん中に位置するシンガポールの、地域交易拠点としての高い潜在的可能性に気付いていたからである。事実、シンガポールはたちまちのうちに、マラッカから東南アジア地域における交易拠点の地位を奪う。イギリスのアジア交易ネットワークの観点から言うと、シンガポールは東南アジアの交易拠点として、東アジアの香港（一八四二年にイギリス植民地になる）とともに、アジア自由貿易ネットワークの二大拠点に位置付けられることになる。

一九世紀の東南アジアは、オランダがインドネシア、イギリスがミャンマーとマレーシア、フランスがベトナム、カンボジア、ラオスと、ほぼ全域がヨーロッパ諸国の植民地になっていた。その目的は、熱帯の豊かな土地で一次産品開発を行い、産品をアジア域内やヨーロッパなど世界各地に輸出して利益を得ることにあった。

ラッフルズは、シンガポールの地理的優位性を生かし、東南アジアの貿易拠点として振興する政策を進め、他の東南アジアの港の支配者が入港税を徴収していたのに対して、シンガポールをどの国の船舶でも無税で利用できる自由貿易港とする。この政策は見事に効果を発揮して、自由貿易港シンガポールをめざして、東南アジアや世界各地から続々と交易船が集まった。シンガポールの発展はラッフルズの計算どおり、いや、その予想をはるかに超えるものだった。

19世紀のシンガポール

移民者たち

シンガポールにアジアや世界各地から交易船が集まると、人も集まった。シンガポールの住民数は、イギリスに植民地化された一八一九年の一五〇人ほどから、二〇〇年近く経た二〇一二年には、約五五〇万人（外国人居住者も含む）に膨らんでいる。だが、もともと土着住民が皆無に近く、現在の住民は、ほぼ全員が一九世紀以降の移民者の末裔《まつえい》になる。その出身国は、マレーシア、中国、それにインドが主なもので、少数ながらヨーロッパ人もいた。

「マレー人」　もともとシンガポールは、マレーシアのジョホール王国の領土なので、マレー人は土着民族に相当する。シンガポールが新たな貿易拠点になると、マラッカなどマレーシア各地から移動してきたもので、貿易商人、農民、漁民の他に、イギリスの政策により植民地政府の下級役人や警察官の仕事に就く者もいた。マレー人以外にも、インドネシアのスマトラ島、ジャワ島（ジャワ人）、スラベシ島（ブギス人）など、インドネシア各地の出身者もおり、彼らも民族的にはマレー系民族に属した。彼らも貿易機会を求めて来た者が多かったが、なかには戦乱に明け暮れる母国から逃れてきた人々もいた。

「中国人」　最大の移民集団が中国人である。中国では東南アジアは「南洋」と呼ばれるが、彼らは、新たにイギリス植民地になった南洋のシンガポールに行けば仕事があるとの噂を聞き、出稼ぎ労働や貿易商売などのために大挙してやって来た。そのほとんどが、東南アジアに地理的に近い、華南出身者が占めていた。華南は福建省、広東省、海南省からなる地域で、福建地方、潮州地方、広東地方、客家《ハッカ》地方、海南地方の出身者が大半を占めた。また、少数ながら、それまで住んでいたマラッカから移動してきた中国人もいた。

「インド人」　インド人は、北インドに住む支配民族でインド文化の基礎を創ったアーリア民族ではなく、中国と同様に、地理的にシンガポールに近い、南インドに住むドラビダ系民族のタミル人が多い。宗教の点では、タミル地方もヒンドゥー社会なのでヒンドゥー教徒が大半を占めたが、なかには北部のパンジャーブ地方出身のイスラーム教徒やシーク教徒などもいた。インド人も中国人と同様に、出稼ぎ労働や貿易商売のためにやって来たが、マレー人と同様に、下級役人や警察官など植民地政府の仕事に就く者もいた。

「ユーラシア人（ヨーロッパ人）」　ヨーロッパ人（大半がイギリス人、ポルトガル人、オランダ人）は、アジア人のように出稼ぎ労働者としてではなく、ほぼ全員が、植民地政府役人や貿易商売などの仕事を目当てにやって来た。既婚者は家族を同伴したが、独身者のなかにはシンガポールでアジア人女性と結婚した者もおり、ヨーロッパ人とアジア人の混血はユーラシア人と呼ばれた。人数は少ないが、ユーラシア人も植民地時代のシンガポール社会の一つの民族を構成したのである。

三者の一致した「利害」

東南アジアのほぼ無人のシンガポール島に、支配者イギリス人と移民者アジア人が到来して、シンガポール史の舞台と役者がそろったが、ある意味でこれは、奇妙な風景だった。

一般的に植民地化とは、それまで自律的生活を営んでいた社会が、外部勢力に征服されて強制的に服従させられることであり、そこには必ず旧来の土地を奪われた者と、それを奪った者がおり、土地を奪われた者の間では、土地を奪った征服者に対する怨嗟《えんさ》の念が強い。しかし、奇妙なことにシンガポールの植民地化では、土地を失いそれを恨む者は誰もいなかった。ここで言っているのは、イギリスに植民化された当時、島に居住していた一五〇人のことではなく、別の土地に王宮を構えていた、シンガポールの不在地主のジョホール王国スルタンなど支配者の一群のことである。スルタンは、植民地化によってイギリスに自分の土地を奪われたという意識よりも、「得」をしたという意識が強かった。それはなぜだろうか。

初期シンガポールに関与した当事者は、シンガポール島所有者のジョホール王国スルタン、植民地化したイギリス東インド会社、アジア各地から続々と参集した移民者の三者であった。それぞれの損得を計算すると、まずスルタンは、自分には使い道のなかった無人島をイギリスに売却して高額のお金を手に入れた。イギリス東インド会社も、シンガポールが自由貿易港として発展すると、スルタンに支払った土地の購入代金（年金）をはるかに上回る利益を手にした。そして移民者は、土地売買における利害関係はないが、シンガポールの地で仕事を見つけて一定の収入を得た。

シンガポールの旧所有者、新所有者、新住民の利害関係者全員が、シンガポールの植民地化から利益を得たわけで、現代の用語を使えば、三者は「ウィン・ウィン・ウィン」関係にあった。イギリス植民地時代のシンガポールは（かなりの程度まで独立国家時代も）この土地に関わるすべての人々に、創意工夫して汗を流す限り「富をもたらす島」だったのである。

以下、第1章から時代を下ってみていこう。

第1章

イギリス植民地時代――一八一九～一九四一年

イギリス植民地時代は、ラッフルズがシンガポールを植民地化した一八一九年から、日本がシンガポールを占領する一九四二年初めまでである（本章では、便宜的に四一年とする）。正確にいえば、イギリスの植民地支配は、第二次世界大戦が終えた一九四五年に復活し、シンガポールがマレーシアに加盟する六三年まで続いたが、ここでは戦前期の時代をイギリス植民地時代として扱う。本章では、イギリスの植民地統治体制、移民たちの経済活動や社会生活、それに政治意識などをみる。

1 イギリスの統治体制

植民地政府

イギリスのシンガポール統治は、一八一九年にシンガポール島南端の一部を領土にしたとき、そして、二四年にシンガポール島全体を植民地としてからも、インドのカルカッタに拠点を置く、イギリス東インド会社のインド総督が統治する体制であった。

シンガポールの初代総督には、ラッフルズと一緒にシンガポールの植民地化に参加したファークハルが就任し、一八二三年にはジョン・クロウファードが第二代総督に任命される（シンガポール島全体の植民地化は、第二代のクロウファード時代に行われた）。一八二六年になると、イギリス東インド会社はマラッカ海峡に面した北部のペナン、中部のマラッカ、それに南部のシンガポールの三つの港町を合体して「海峡植民地」（Straits Settlements）とし、当初は行政府をペナンに置いたが、シンガポールの重要性が増すと三二年にシンガポールへ移転した。しかし、シンガポールが海峡植民地の一部になったとはいえ、インドを通じて統治されていることに変わりはなかった。

それが、一八五七年にインドで反英暴動が発生すると統治体系が変わる。この王侯から兵士まで広範な社会階層を巻き込んだ、イギリス植民地支配に反対するインド大反乱を契機に、イギリスは、翌一八五八年にイギリス東インド会社を廃止し、本国にインド省を創設して、同省管轄下のインド植民地政府がインドを統治する体制へと変更した。

これにともない、シンガポールもインド植民地政府の管轄下に移ったが、インド経由の統治という点では同じであった。しかし、インド植民地政府が海峡植民地の事情に疎く、適切な政策を行えなかったことから、シンガポール在住のヨーロッパ商人がイギリス本国の直接統治下に置かれることを要望すると、これが聞き入れられ、一八六七年に海峡植民地は、本国の植民地省の直接統治下に置かれることになった。

新体制は、イギリス植民地省—海峡植民地総督の行政系統からなり、海峡植民地総督を補佐する機関として、行政評議会（内閣に相当する機関）と立法評議会（国会に相当する機関）が創設され、この体制は一九四二年初めに日本に占領されるまで続いた。

では、イギリスの植民地統治はどのようなものだったのだろうか。

植民地初期の頃は、まだ秩序が確立しておらず、アジア人移民者が勝手な振る舞いをしたため、植民地政府は治安を任務にする警察機能が最も重要な仕事であった。責任者にはイギリス人が就任したが、一般警察官は一八八〇年当時、ヨーロッパ人が四七人、マレー人とインド人が五四九人という内訳であり、このうちインドのシーク教徒が一〇〇人を占めた。後述するが、この頃はすでに中国人が住民の多数派になっていたが、警察官のなかに中国人がいないのは、警察官の給与が低かったことと、中国人が警察官の仕事を蔑視していたからである。

植民地政府は、移民者が秩序を乱さない限り生活に関与しないことを原則にしたが、住民を完全に放任したわけではない。たとえば、劣悪な条件の下でシンガポールにやってくる中国人移民者の保護などを目的にした「中国人保護局」の創設（一八七七年）や、一部の住民を対象にした英語教育小学校やマレー語教育小学校が創られている。

しかし、これは例外であり、当時の財務内容が植民地の運営がどのようなものかよく示している。一九〇五年の植民地政府の収入源は、第一位がアヘンとアルコールの独占販売権収入の五九％、第二位が印紙税の四・八％であり、支出は、第一位が人件費の二二・三％、第二位が公共建物建設費の一八・五％、第三位が軍事費の一七％であった。収入は、アジア人移民労働者に販売したアヘン収入が圧倒的比率を占め、支出も住民の福利・厚生向けではなく、植民地政府の維持・運営に関連した費用が大半を占めていた。住民にアヘンを販売したのは、植民地統治の行政費用を調達することが目的であった。

計画的な街作り

シンガポールを植民地化すると、ラッフルズはグランド・デザインを作成して計画的な街作りを行った。

基本コンセプトは、シンガポール川河口付近一帯を市街地とし、中心部にイギリス植民地政府機関とヨーロッパ人居住地を配置し、その周囲をアジア人移民の居住地にするというものである。このプランに基づいて、シンガポール川河口を少し遡った北岸のフォート・カニングの小高い丘に総督官邸を建て（のちに、内陸部の開発が進むとオーチャード通りに移転した）、その周りに政府機関を建設した。そして、政府機関の付近には、聖アンドリュース教会、イギリス人クラブ、パダンと呼ばれる緑の芝生が美しい大広場が作られ、ヨーロッパ人居住地や商業地とされた。現在、フォート・カニングは都心部の公園に、シンガポール川北岸には国会議事堂、最高裁判所、シティー・ホールなどの政府関連機関の建物が並び、当時の雰囲気をうかがうことができる。

当初、イギリス東インド会社はシンガポールをインド人囚人の流刑地としても使い、一八二五年に第一陣が到着し、五七年には流刑者は三〇〇〇人にも達していた。イギリスは、植民地政府機関、道路や橋、聖アンドリュース教会などの建設に、これらの囚人を働かせる。彼らは刑期を終えると自由身分になり、シンガポールにとどまることが許されたので、大半が残り、自由労働者として働くか、小さな商売を始めた。

しかし、イギリスがインドの反英暴動で逮捕した一部の囚人をシンガポールに送り込むと、住民の間に不安と不満を招き、一八七三年を最後に囚人は送り込まれなくなった。イギリスが植民地を囚人流刑地として利用したのは、シンガポールに始まったことではない。周知のようにアメリカやオーストラリアも当初は囚人流刑地として使われていた。

移民の民族別棲み分け

ラッフルズは、アジア人移民に対しては民族別に居住地を指定し、棲み分ける政策を採った。中国人には、シンガポール川南岸の沼地を埋め立てた地域（チャイナ・タウン）、インド人には、その西のシンガポール川に面した一帯を割り当てた。ラッフルズが上陸したとき、シンガポール川北岸付近に住んでいたマレー人は当地を追い立てられ（跡地は植民地政府機関地域になった）、中国人居住地の少し南に新しい居住地が与えられた。シンガポール川北岸のヨーロッパ人居住地の北側も移民の居住地とされ、アラブ人、マレー人、インドネシア・スラベシ島出身のブギス人の順番で割り振られ、さらには、アラブ人街の西の一角もインド人居住地とされた（現在、この地域は「リトル・インディア」と呼ばれるインド人観光街である）。

1890年代のチャイナ・タウン

シンガポールには、チャイナ・タウン、リトル・インディア、マレー街、ブギス街など、民族の名前を冠した地域や通りが数多いが、これはイギリス植民地時代の民族別居住地指定の名残である。

なぜ、ラッフルズはアジア人移民者に自由に居住地を選ばせたのではなく、民族別に居住地を指定したのだろうか。それは、異なる民族間の争いが起こるのを防ぐこと、多様な民族が社会的に交わることで、イギリス植民地支配への不満が一つになることを懸念したことにあった。それぞれの移民集団をまとめて住まわせて住民自治を行わせ、相互にバラバラの状態にしておく政策が採られたわけで、これはイギリスが得意とした分割統治であった。

移民者が増えると市街地が拡大し、すで

に一八五〇年代に、街の中心部から少し内陸部に入った果樹園一帯が開発されて、ヨーロッパ人の新居住地となっていた。ここが、現在シンガポール最大の目抜き通りのオーチャード通りである（オーチャードは果樹園の意味）。中国人も、移民者が増えてチャイナ・タウンが手狭になると、シンガポール島東部のカトン一帯に新たな居住地が与えられた。そして、島の内陸部に居住地が拡がると、イギリスは道路網の開発・整備を進め、これも一八五〇年代に、市街地のシンガポール島南端を起点に、島東端のチャンギ、北端のセレターやウッドランズ、西端のジュロンにいたる、放射線状の幹線道路が建設された。

一九六五年の分離独立後、政府の綿密な計画に基づいた街作りや島全体のインフラ開発が行われるが、これはすでにイギリス植民地時代に始まったものなのである。

2 移民たちの流入

中継貿易の発展

植民地となった当初は、島の内陸部のジャングルを開拓して、香辛料の胡椒やココナッツなどの一次産品を栽培する移民者もいたが、ほどなくして、貿易に関連した仕事が主な経済活動になる。ただ、貿易といっても、外国から輸入した商品を別の国に再輸出する中継貿易が中心であり、開港から一年ほどで自由貿易港シンガポールはマラッカを凌駕《りょうが》して、東南アジアを代表する中継貿易港になった。

イギリス植民地時代のシンガポールの経済発展は、二段階の過程を経ていた。

第一段階は、インドネシアなど東南アジア各地、それにインドや中国や中東やヨーロッパ各地との貿易である。扱われた商品は、インドネシア群島産の米、香辛料、コーヒー、東南アジア大陸部産の米、砂糖、塩、中国産のお茶、絹、食糧品、医薬品、陶磁器、インド産のアヘン、綿、生地などが主なものだが、ヨーロッパ産の木綿、毛織物、鉄、鉄砲、ガラス製品、時計なども取引された。

第二段階は、マレーシアとの経済的一体化の深まりである。一九世紀末になるとイギリスはマレーシアを植民地にしたが、その目的は世界最大の埋蔵量を持つスズ、気候が栽培に適していたゴムの開発にあった。マレーシアで生産されたスズとゴムの加工は一部がシンガポールで行われ、また、輸出の多くがシンガポール経由で行われたので、スズ鉱山会社やゴム会社や貿易会社、それに銀行や保険会社などの多くがシンガポールに拠点を置いた。さらには、一九二四年にシンガポールとマレー半島を直接に結ぶ、コーズウェイと呼ばれる橋が完成したことも、一体化を促した。この結果、二〇世紀に入ると、シンガポールはマレーシアと緊密化して、いわばマレーシアの経済首都になる（政治首都は植民都市のクアラルンプール）。

一九世紀後半に世界で起こった輸送革命も、シンガポールの貿易発展を後押しした。一つには、ヨーロッパで産業革命の影響によって、帆船に替わって蒸気船が登場して、輸送船のスピードアップが図られたことである。もう一つには、一八六九年のスエズ運河の開通があった。それまで、シンガポールとイギリス間の航海は、シンガポール＝カルカッタ＝コロンボ＝ボンベイ＝アフリカ大陸南端の喜望峰＝ロンドンが一般的ルートで（一万九〇〇〇キロ）、帆船を利用した場合、約一二〇日を要した。それがスエズ運河の開通後は、シンガポール＝コロンボ＝スエズ運河＝地中海＝ロンドンのルート（一万二五〇〇キロ）が可能になり、蒸気船で利用した場合、半分以下の五〇日に短縮されたのである。

では、どの国がシンガポールの港を利用したのだろうか。それは文字通り世界の国々であった。

一八四六年に、シンガポールに登録された貿易会社は合計四一社あったが、内訳は、イギリス人所有が二〇社、ユダヤ人所有が六社、中国人所有とマレー人所有がそれぞれ五社、ドイツ人所有が二社、それにポルトガル人所有、アメリカ人所有、ペルシャ人所有が各一社であった。

貿易相手地域は、初期の頃の一八二五年は、東南アジアが四八％、インドが二〇％、欧米が一八％、東アジアが一四％だったが、二〇世紀初頭の一九〇五年には、東南アジアが五六％、欧米が二六％、東アジア一一％、インドが七％となり、基本的にアジアと欧米地域が中心であった。

ただ、貿易相手を欧米地域に限ってみると、一八七〇年の場合、イギリスが七六％、北米が一四％、ヨーロッパ大陸諸国が一〇％だったが、一九二〇年には北米が五〇％、イギリスが三八％、ヨーロッパ大陸諸国が一二％となり、北米（アメリカ）の比重が大きく増えている。貿易総額も、一八二四年の一一六〇万ドルから、五三年に二八九〇万ドルと二・五倍に、そして、一九〇三年には五億五七〇〇万ドルと四八倍にもなった。このことは、アジアの植民地化と一次産品生産が本格化した一九世紀後半に、シンガポールが飛躍的発展を遂げたことを語っている。

当時、ヨーロッパからの大型船舶、中国やインドからの中型船舶、それにバンコクやジャカルタなど東南アジアからの小型船舶など、あらゆるタイプの船舶がシンガポールに寄港して、世界各地の産品がシンガポールに集まり、再びアジアや世界各地に運ばれていた。このように、植民地時代のシンガポールは、アジアにおけるイギリスの自由貿易ネットワークの地域拠点の機能を担ったが、独立国家時代にも、金融や投資や運輸や通信などの地域ネットワーク拠点の機能を果たしており、東南アジア地域における経済結節点の機能は、どの時代にも変わらないシンガポールの特性なのである。

クーリー

シンガポールが発展すると、アジア各地から数多くの移民が渡来したが、仕事の内容との関連からすると、移民者も二段階の過程を経ていた。

移民第一陣は、シンガポールが開港すると近隣諸国から集まった商人で、マラッカの中国人、マレー半島各地のマレー人、インドネシアのスラベシ島南部のブギス人、さらには中東のアラブ人などがそうである。

移民第二陣は、交易船の積荷の運搬や雑用などの仕事を求めて来た、アジア各地からの単純労働者である。自分の肉体以外に何も持たない労働者は、「クーリー」（苦力）と呼ばれ、一般にクーリーは中国人と思われがちだが、インド人やマレー人もいた。

シンガポールへの移民者は、大きく貿易商人とクーリーの二つからなったが、圧倒的に多いのがクーリーであり、世界各地から運ばれてきた積荷の商品を、シンガポール港の沖合で大型船から艀《はしけ》に積み替える作業、それをシンガポール川河口の倉庫に運搬する作業などに従事した。

興味深いのは、クーリーも「商品」の一つだったことである。中国人クーリーの場合、新規移民者は「新客《シンケー》」と呼ばれ、貧しくて自分で渡航費を支払えない者が多かっただけでなく、出稼ぎ先のシンガポールの雇用情報も持ち合わせていない者が大半を占めていた。

そのため、移民に関する一切を取り仕切ったのが、客頭と呼ばれる移民斡旋《あっせん》業者であり、彼らの大半が香港に拠点を構え、中国の華南各地の農村に出向いて移民希望者を募り、渡航費を用立て、働き先を斡旋した。ただ、彼らは親切心でそうしたのではなく、冷徹なビジネスのためであり、クーリーを詰め込んだ移民船がシンガポールに到着すると、現地の買主に「売った」のである。

クーリー移民者は商品だったわけで、これが「クーリー貿易」である。ただ、正確に言えば、クーリーには、渡航の船賃を自分で用立て、到着後に自分で仕事を選べた自由労働者と、渡航費を用立てた移民斡旋業者が指定する仕事に、費用を返済するまで働くことを余儀なくされた契約労働者の二つのタイプがあったが、後者のタイプのクーリーが大半を占めていた。

先に、イギリス植民地政府が、移民者の居住地を民族別に指定する政策を採ったことをみたが、移民者たちも、いわば自発的に民族別に仕事の棲み分けを行った。その理由は、最初にシンガポールに渡来した移民者が仕事を見つけて働くと、新規移民者は彼らを頼って移民するのが一般的であり、自然と同じ国の出身者が同じ仕事に就くようになっていった。

マレー人は、雑貨店や飲食店などを営む者もいたが、マレーシアやインドネシア各地の島々を行き交う小型交易船の船員が多く、インド人は、小規模の両替商（現在も都心部のいたる所でみかける小さな両替商は、例外なくインド人経営である）、「チェッティヤー」と呼ばれる金貸し、牛乳の小売商、洗濯屋、洋服店、さらには警察官や宝石店の警備員（シーク教徒）の仕事に多く就いた。ユーラシア人は、植民地政府役人や貿易会社を営む者がほとんどだった。

そして、最も人数が多い中国人は、クーリー、人力車夫、ホーカー（簡易移動屋台の飲食店）、雑貨店主、商店員、家事手伝い、それに貿易会社経営者など、あらゆる仕事に就いた。ただ、同じ中国人でも出身地が違うと言語（中国語方言）が違い、いわば外国人同士の関係にあったので、中国人社会内部でも出身地別に仕事が棲み分けられる傾向にあった。

華僑企業家

アジア人移民者には、時代が経つにつれて、小規模の貿易会社を営む者などが登場し、なかには、巨大企業グループを創り上げた企業家も誕生する。とりわけ有名なのが中国人で、彼らは華僑企業家と呼ばれ、有力華僑企業家は主に三つの産業に集中した。

第一は、ゴム産業である。二〇世紀に入りマレーシアのゴム開発が進んで代表的産業になると、イギリス人だけでなく中国人も参入し、とりわけ次の二人が有名であった。一人は、ゴム事業で儲《もう》けたお金を、惜しみなく社会事業に使い、華僑社会指導者となったタン・カーキー、もう一人は、一九三〇年代にシンガポール・マレーシア地域最大のゴム関連企業グループを創り上げたリー・コンチェン一族である（一族のゴム事業は、現在も巨大な規模を維持している）。

第二は、貿易業である。中国人は、シンガポールとジャカルタ、バンコク、マニラなど東南アジアの主要都市、それに香港など中国各地と結ぶアジア貿易に参入し、東南アジア産品や中国産品などを流通させて、巨大貿易会社を創り上げた者が少なくなかった。

第三は、銀行業である。ゴム産業や貿易業で築いた資金をもとに仲間と一緒に銀行を創るのが、有力企業家のビジネス・パターンだったからである。あらためて第4章でみるが、現代の巨大華人企業グループは、この時期に創られた銀行を中核にしたものが多い。

華僑企業家はシンガポールだけでなく、マレーシア、インドネシア、タイ、フィリピン、ミャンマーでも登場しており、中国人労働者（クーリー）と華僑企業家は、植民地時代の東南アジア諸国の共通した現象だった。

からゆきさん

シンガポールに出稼ぎにきたアジア人には、日本人もいた。主に小商人や農民や漁民などだったが、著名な存在として「からゆきさん」と呼ばれる若い売春婦女性の一群もいた。明治維新を契機に、日本は近代化と富国強兵の道を邁進《まいしん》したが、その傍らで東北地方や九州地方などでは農民の貧しい生活が続き、日本は近代国家と開発途上国家の二つの顔を持っていた。からゆきさんは、後者の開発途上国の顔を象徴する存在であった。

なぜ、はるか南方のシンガポールに若い女性たちは出稼ぎに出たのだろうか。その理由は、東南アジアの都市に、アジア各地から単身出稼ぎの男性労働者が集まり、また、交易が盛んになって数多くの船舶が寄港し、売春産業が発展したことにあった。売春街は、マニラ、バンコク、ジャカルタ、香港などアジアの主な港町、それにマレーシアのボルネオ島北東部のサンダカンなど地方の港町にも出現したが、最大の街はシンガポールだった。

シンガポールのからゆきさんは、一八七七年にはわずか一四人だったが、一九〇三年には五八五人にも達して、在シンガポール日本人の多くを占めた。出身地は、長崎（とりわけ島原地方）や熊本（とりわけ天草地方）など、九州の西部地域が圧倒的に多かった。シンガポールに来た動機や手段は、売春斡旋業者の甘い口車に乗せられて騙《だま》された者、身売り同然で来た者、帰国したからゆきさんから儲け話を聞いて来た者などさまざまだったが、これは、シンガポールに出稼ぎにきた中国人クーリーの場合とほとんど同じである。

シンガポールの都心部の官庁街から少し東に行ったところに、ミドル・ロードがある。現在は都市再開発で戦前の古い建物が壊されて、緑豊かな公園や商業ビル、それに国立図書館などが建っているが、ここが戦前期に日本人街と呼ばれた通りである。ミドル・ロードの両側には日本人経営の売春宿が何軒も軒を連ね、からゆきさんの生活を取り巻くかたちで、呉服屋、雑貨屋、写真館、髪結屋、旅館、医院など日本人経営の店が立ち並んでいたという。

しかし、第一次世界大戦後、彼女たちは消え去る運命を辿った。日本が戦勝国の一員として世界の大国になると、シンガポール在住の日本人商社員などの間から、からゆきさんは日本の恥であるとの声が出て、一九二〇年に日本領事館が日本人売春婦の追放を決定したからである。そのため、からゆきさんは日本に帰るか（帰っても売春婦だったという近所の冷たい目が待っていたが）、日本領事館の目が届かない田舎に移るかの選択を迫られ、シンガポールの街から消えていったのである。

シンガポール市街地からやや北東に位置する住宅街に囲まれて、一八九一年に創られた日本人墓地があり、その一角にからゆきさんの簡素な墓がある。彼女たちが、当時のシンガポールをどのようにみて、異国での生活をどう感じたのかわからないが、第2章でみる、シンガポールを占領支配した日本軍人とは、対照的な存在だった。

とはいえ、イギリス植民地時代のシンガポールと日本の関わりは、からゆきさんがすべてではない。一九一四年にヨーロッパで第一次世界大戦が勃発し、イギリス商品の輸入が途絶えると、日本商品に対する需要が急増して、日本の商社や日本人商人が台頭したからである。ビジネス・エリートの彼らは、からゆきさんとは違い、都心部のビジネス街のラッフルズ・プレイスなどを拠点にして活動し、日本人社会では「グダン族」（グダンは倉庫の意味で、ビジネス街には倉庫が多かった）と呼ばれた。

ただ、シンガポールに日本商品が溢《あふ》れると、イギリス商品の輸入奨励策を採る植民地政府との間で貿易摩擦問題が起こり、これは第二次世界大戦の開戦直前まで続いた。商社員の一群は、歴史の流れでみると、からゆきさんと軍人との間に挟まる社会集団であり、第4章でみる戦後期の日本企業のシンガポール進出の先駆け的存在でもあった。

3 ミニ・アジアの「モザイク社会」

二重構造の分節社会

シンガポールが発展すると、人口は一八二四年に一万人を超え、八一年に約一四万人、二〇世紀に入った一九〇一年には約二三万人へと増加した。

住民の民族別比率は、最初の人口統計が実施された一八二四年には、マレー人が六〇・二%、中国人が三一・〇%、インド人が七・一%、残りがブギス人やジャワ人やユーラシア人などであった。

しかし、一八四〇年になると、中国人の比率が五〇%を超え、一九〇一年には、中国人が七二・一%、マレー人が一六・〇%、インド人が八・〇%となり、ほぼ現在と同じ民族比率となる。

ただ、移民者の大半は男性の出稼ぎ労働者で、とりわけ中国人とインド人にこの傾向が顕著であった。一八六〇年の中国人住民の男女比率は一四対一、インド人も八対一と大きく開いていた。一九〇一年になると中国人の男女比率は四対一までになったが、それでもまだ男性移民社会の性格は強く残っていた。男性が多い一因は、既婚の移民者が家族を同伴しなかったからで、彼らはシンガポールを一時的な出稼ぎの場所と考え、いずれは母国に帰るつもりだった。

イギリス植民地時代のシンガポール社会の最大の特徴は、民族、言語、宗教によって分節された社会だったことである。アジア人移民のうち、マレー人はマレー語を話してイスラーム教を信仰し、中国人は多様な中国語方言を話して仏教や道教などを信仰し、インド人はタミル語を話してヒンドゥー教を信仰していた。民族と言語と宗教をセットに、大きく三つの民族社会に分節していたのである。

シンガポールの各民族　着飾った中国人たち（上），民族ダンスを舞うマレー人（中），ゴムの木の乳液を運ぶインド人（下）

そして、この三つの民族社会内部も、さらに出身地や言語で細分化していた。一九三五年の統計によると、中国人の出身地（と方言）は、最大が福建人（福建語）の四三・〇％、次いで広東人（広東語）の二二・五％、潮州人（潮州語）の一九・七％、海南人（海南語）の四・七％、客家（客家語）の四・六％の順番であった。マレー人社会もマレー民族の他に、ジャワ民族などインドネシア各地の出身者がおり、彼らは同じマレー系民族でも言語が違っていた。インド人社会もタミル語を話すタミル民族の他に、インド北部や西部や東部地方の出身者がおり、彼らはヒンディー語やベンガル語などを話した。

イギリス植民地時代のシンガポールは（ある程度は現代も）、まず民族で分節し、さらにそれぞれの民族社会内部が出身地（言語）で分節する、二重の分節社会だったのである。

分裂された社会

移民者たちは、自分が帰属する分節社会内部で仕事や生活を営み、他の民族集団との交流は皆無に近く、植民地時代のシンガポールは無数に分節した小社会の寄せ集めに過ぎなかった。先述したように、この分節社会は支配者のイギリス植民地政府にとっても、住民が民族を超えて一つにまとまらないほうが植民地統治のうえで都合がよかった。また、移民者も植民地政府や他の民族集団には何も期待せず、自分たちだけで好きなように生活することを好んだからでもあった。植民地時代のシンガポール社会は、ただ単に大勢の人が住んでいる社会であり、住民はそれぞれが勝手な方向を向くバラバラな状態にあった。

それはあたかも中国の華南の街が、そのまま東南アジアのシンガポールの地に移転したかのようであった。これは、マレー人やインド人も同様である。言い換えると、イギリス植民地時代のシンガポールは、東アジアの中国社会と文化、東南アジアのマレー社会と文化、南アジアのインド社会と文化の一部を切り取って、東南アジアの小さな島に張り付けた状態にあった。社会文化的にミニ・アジアの「モザイク社会」の様相を呈していたのである。そこでは、多様な民族を一つに糾合するシンボルや仲間意識が不在であり、独立国家の成立後、政府は国民を一つにまとめる社会統合のために、多くのエネルギーを注ぐことになる。

「幇」と中華総商会

移民者たちが、民族別に分節した社会で生活を営んでいたなかで、多数派の中国人の場合、二つの特徴があった。

一つは、出身地や中国語方言集団別に生活や商売をしたことである。中国人は、出身地（地縁）、同族（血縁）、職業（業縁）などをもとに「幇《パン》」と呼ばれる組織を創り（たとえば、福建会館）、同じ出身地の新規移民者の世話、学校や医院の設立など、仕事や教育や厚生面で仲間を支えあった。幇は相互扶助団体に相当するもので、これにより、右も左もわからない新規移民者が、見ず知らずの土地で仕事を見つけて生活することができたのである。

他方で、イギリス植民地政府、あるいはマレー人社会やインド人社会などとの間に問題が発生した場合、中国人社会を代表する組織を必要とした。その役割を担ったのが、一九〇六年に創設された中華総商会であり、これがもう一つの特徴である。中華総商会役員には有力な幇の指導者が就任したが、彼らはほとんどが企業家であった。中華総商会は、分節する中国人社会をまとめ、イギリス植民地政府やマレー人社会などと折衝し、時には母国中国との連絡役を果たすなど、中国人社会の「自治政府」に相当したのである。

プラナカン

イギリス植民地時代のシンガポールは、多様に分節したモザイク社会だったが、異民族間の接触や交流がまったくなかったわけではない。一部の中国人が土着化してマレー人の社会文化慣習に適合したのは、その代表例である。中国文化を維持しながら、マレー人の文化慣習を受け入れたり、マレー人と結婚したりした中国人は「プラナカン」、男性が「ババ」、女性が「ニョニャ」と呼ばれる。

プラナカンは、中国語とマレー語の混合語を話し、普段着や生活調度品でも中国文化とマレー文化が融合した独特のものを生み出したが、料理もその一つである。現在、シンガポール料理の一つに、日本の家庭料理に見た目も味も似た「ニョニャ料理」があるが、これは中華料理とマレー料理を、いわばミックスしたものである。人数は少ないが、インド人でマレー文化と融合した人々もおり、彼らはインド人プラナカンと呼ばれた。一部の人々に限定されたものとはいえ、異民族が混住する過程で文化融合が起こったのである。

中国を志向する集団の登場

イギリス植民地時代は、住民の間で政治（意識）が不在だったことも特徴の一つである。その理由は、植民地政府が政治活動を許さなかったためだが、住民側の事情もあった。住民のうち、たとえば、中国人は、シンガポールは一時的に滞在する出稼ぎの場所と考え、自分の国は中国だと受け止めていたからである。これは、マレー人とインド人も同様であり、どの民族の住民も、シンガポールに対する政治的関心がなかったのである。

二〇世紀に入り、移民たちの母国で大きな政治の出来事が起こると、母国の政治に対する関心が高まったが、これはとりわけ中国人の場合に顕著であった。

一九一一年に辛亥《しんがい》革命により、満州民族が創った清王朝を漢民族が倒して中華民国が誕生すると、それに共鳴する人々はシンガポールに国民党支部を創った。そして、時代が下がり、日本による満州国建国（一九三二年）、宣戦布告なき日中戦争（三七〜四五年）へと事態が進むと、中国人は母国中国を支援する積極的な行動を行った。

すでに、一九一五年に日本が中国に対して「二一ヵ条要求」を突きつけると、日本商品ボイコット運動を組織し、一九年に中国で「五四運動」が起こると、さらなる日本商品ボイコット運動や日本商品を取り扱う商店を襲撃していた。日本商品ボイコット運動は、一九三七年に日中戦争が始まると最高潮に達し、日本人経営の商店、日本人の医師、理髪店を利用することを拒否し、日本商品を売る店にお客が入るのを阻止したりもした。

中国政治に目覚め積極的活動をした中国人は「愛国華僑」と呼ばれるが、これら一連の抗日運動を組織したのが、ゴム事業で莫大な財をなしたタン・カーキーである。タンは巨額の支援金を中国に送るなど、愛国華僑を代表する人物であった。

他方では、一部の中国人は中国に目を向けるのではなく、一九三〇年にマラヤ共産党を結成して（本部はシンガポール）、マレーシアの地に共産主義国家を創ることを夢見た。移民出稼ぎ社会で政治が不在のシンガポールにも、徐々に住民の間で政治意識と政治行動が姿を現したのである。

イギリスを志向する集団の登場

イギリス植民地時代のシンガポールには、民族を超えた仲間意識はなかったと記してきたが、時間の経過とともに、一部の住民の間で民族を超えた仲間意識が形成されていく。

二〇世紀に入ると、母国に帰らないでシンガポールに定着する移民者が増え、ここから海峡植民地生まれ（シンガポールやマレーシア）の二世や三世が登場した。二〇世紀初めには、その比率は住民の一〇％ほどに過ぎなかったが、彼らは、母国や民族が違っても、自分たちは同じ土地に生まれた者であるという意識を持ち、自分たちは移民集団とは違う社会集団（海峡生まれ集団）であると受け止めたのである。イギリス植民地時代のシンガポール社会を分ける第一の分節要素が民族だとすると、出生地は第二の分節要素になる。この集団も、仲間意識から出発して、次第に政治意識を強めていく。

海峡生まれ集団は、イギリスが支配するシンガポールで社会的階段を昇る鍵は英語にあると考え、英語教育を受けた者が多かった。その政治社会意識は、母国を中国（やインド）ではなく、イギリスと考えるもので、このような人々は中国人の場合、「クィーンズ・チャイニーズ」と呼ばれた。彼らは、イギリス植民地政府の下級役人、医師、弁護士、エンジニア、ヨーロッパ系会社の事務職員など、社会的地位が高く、高収入の職業に就いた。一九〇〇年に医師のリム・ブーンケンを指導者に、イギリスへの忠誠心を示すことを目的に海峡華英協会が創られ、イギリスへの関心の助長や、住民の社会的道徳的福祉などの問題が協議された。ヨーロッパで第一次世界大戦が勃発すると、海峡華英協会はイギリスを支援するために戦闘機五三機を寄贈しただけでなく、イギリスに替わってシンガポールを防衛する志願兵部隊も組織する。

このように、二〇世紀に入ると、シンガポール住民の間で帰属意識や政治志向をめぐる動きが顕在化して、戦後の独立運動の担い手となる社会集団が、おぼろげながら輪郭をみせ始めた。ただ、二つの集団は生活・教育言語、それに政治志向がまったく違い、一つの街に暮らしていながら社会的接点がまったくなかった。

　また、この時期に政治運動（独立運動）が始まったわけでもない。そのためには、多くの住民がこの地で生きていくしかないというシンガポールへの帰属意識、自分たちを支配する権利は誰（外国人）にもないというナショナリズム意識を持つ必要があった。多くの住民が初めて、それを意識する機会になったのが、苦痛に満ちた日本占領時代だった。

第2章

日本による占領時代——一九四二〜四五年

日本占領時代は、日本軍がシンガポールを占領した一九四二年二月から、日本の敗戦で占領支配が終えた四五年八月までである。シンガポールでは、日本占領期を「三年八ヵ月」と呼ぶのが一般的である。

本章では、日本がシンガポールをなぜ占領したのか、日本の占領支配がどのようなもので、人々の生活にどのような影響を与え、シンガポールの独立に持った意義は何かなどをみていく。

1 「昭南島」支配――粛清と強制献金

日本の東南アジアへの関心

シンガポールの住民が、イギリス支配の下で三つの民族社会に分節して暮らすなか、すべての住民に厳しい試練を与える暗雲がアジアの東端で興り、次第にシンガポールへと延びてきた。日本のシンガポール占領である。なぜ、日本は南方の小さな島に過ぎないシンガポールに触手を伸ばしたのだろうか。

日本は一八六八年の明治維新後、近代ヨーロッパに倣い富国強兵策を進めたが、産業化に必要な一次資源が不足し、それをアジアに求めた。一八九四～九五年の日清戦争勝利による台湾の植民地化を第一歩に、一九〇四～〇五年の日露戦争の勝利で朝鮮半島に対する優越権を獲得すると、一〇年に朝鮮を併合し（植民地化）、三二年には中国東北地方を満州国として独立させて植民地とした。しかし、これで日本の拡張政策が終わったのではない。一九三七年には宣戦布告なき日中戦争を開始して、北京や上海や香港など中国沿海部を実質的に占領下に置くと、次の目標地は、天然資源や一次産品が豊富な東南アジア、とりわけ、インドネシアやマレーシアとなった。

ただ、そのためにはシンガポールのイギリス軍事基地が邪魔な存在であった。イギリスはアジアのイギリス植民地、貿易ネットワーク、さらにはオーストラリアやニュージーランドのイギリス連邦諸国を日本から護るために、シンガポールに軍事基地を築いていたからである。

一九二〇年代に、シンガポール島北岸に戦艦や駆逐艦などを常備できる巨大海軍基地の建設が始まり、三八年に造船ドックを含む最新設備を備えた軍港が完成した。シンガポール島北部の三ヵ所には飛行場も建設された。イギリスは、日本がシンガポール島南岸から攻撃してくると予想し、セントサ島など南部に巨大な大砲も配置している。これら一連の施設の構築により、自由貿易港シンガポールは世界有数の軍港、それに三つの軍事飛行場と大砲を備えた堅固な軍事要塞と化していたのである。

シンガポール占領

イギリスの予想に反して、日本は南からではなく北からシンガポールを攻撃した。

第二次世界大戦への日本の参戦は、一九四一年一二月八日、日本の爆撃機がアメリカ・ハワイの真珠湾に停泊中のアメリカ戦艦を奇襲することで始まったとされることが多いが、実際には、それよりも一時間ほど前に、マレー半島の南シナ海に面したタイ南部の町パタニ、それにマレーシア北東部の町コタバルの海岸に日本軍は上陸し、同時にシンガポールの空港を空爆していた。

コタバル上陸から二日後の一二月一〇日には、アジアにおけるイギリス海軍の守護神とされていた、軍艦「プリンス・オブ・ウェールズ」と「レパルス」号を、マレー半島東海岸のクアンタン沖で撃沈させて制海権を奪う。開戦直後から制空権を日本が握っていたため、マレー半島に上陸した日本軍部隊は、さしたる抵抗を受けることなく、二手に分かれてマレー半島の東海岸と西海岸を南下し、二ヵ月ほどでマレー半島全域を占領した。一九四二年一月三一日には、シンガポールとはジョホール水道で隔たったジョホール・バルーの王宮に陣を構えたのである。

日本軍は、一週間でシンガポール総攻撃体制を整えると、一九四二年二月八日に攻撃を開始した。日本軍は一二万人、守るイギリス軍（イギリス軍、インド軍、オーストラリア軍などの混成軍）は九万人の兵力であった。シンガポール島のほぼ中央に位置する唯一の高地で、

降伏文書に署名する英軍司令官パーシバルと山下奉文司令官（左端）

イギリス軍の弾薬や食糧の貯蔵所があったブキッティマ（丘）の攻防をめぐって激戦が展開された末に、二月一四日に日本軍が市街地を包囲すると、食糧や弾丸が尽きたイギリス軍は翌一五日に無条件降伏した。一週間の戦闘でシンガポールは日本軍の手に落ち、シンガポール島南部に配置した大砲は無用の長物と化したのである。

降伏の調印式は、同日にブキッティマの一角フォード自動車工場で行われた。この年の二月一五日は、中国人住民にとり一年で最も楽しい旧正月（チャイニーズ・ニューイヤー）だったが、悲惨な「三年八ヵ月」の始まりとなったのである。

中国人の粛清

シンガポールを占領すると、日本は一部のイギリス兵捕虜などを、タイとビルマ（現・ミャンマー）を結ぶ泰緬《たいめん》鉄道建設に動員して、過酷な労働条件の下で働くことを強いたが、住民に対しても厳しい統制管理を行った。とりわけ住民を苦しめたのが、次の二つの行為である。

一つは、中国人の粛清である。占領直後の一九四二年二月一八日、日本軍は治安確保のためと称し、市内数ヵ所に一八～五〇歳の中国人男性全員に、数日間の食糧を持参して集まることを命じた。日本軍は一九三〇年代に中国を攻撃した際、中国側の抵抗に遭い苦戦を強いられたが、その一因はシンガポールなどの移民中国人の支援活動にあったと考えており、反日主義者、共産主義者、イギリス協力者（その一つの基準が英語が話せること）などを見つけ出し、処罰しようとしたのである。

検問所では、六〇万人を超える中国人が三日間にわたって、憲兵隊により一人ひとり検証され、反日でないとみなされた者は帰宅を許されたが、反日主義者や共産主義者などとされた者は、そのままトラックで連行された。行先は、シンガポール島東海岸や、現在、観光地として人気のあるセントサ島（当時ブラカンマティ島〔死の島〕と呼ばれた）などで、海岸に大きな穴を掘らせた後に、機関銃などで銃殺したのである。

これが現在もシンガポール華人の間で、日本軍による大粛清として怨嗟と非難の的となっている虐殺である。のちにシンガポールの首相になるリー・クアンユー（当時一八歳）も検証を受けた一人で、容疑者の列に行くように命じられたが、機転を利かせて自宅に逃げ戻り難を逃れたという。これは、歴史におけるifの話だが、もし、リーがこのときに粛清の犠牲になっていたならば、その後のシンガポールの歴史は完全に違うものになっていただろう。

第二次世界大戦の終了後、粛清に関与した日本軍関係者がシンガポールで裁判にかけられ、日本側は処刑による犠牲者は五〇〇〇～六〇〇〇人ほどと証言している。それに対し、虐殺を追及する側は四万～五万人ほどとの数字を挙げ、大きな隔たりが問題になったが、占領時の混乱もあり真相は明らかではない。ただ、日本軍が必死に探し求めた抗日運動指導者のタン・カーキーは、占領直前にインドネシアのジャワ島に逃れ、戦争終結まで同地に潜み続けた。

強制献金

住民を苦しめたもう一つは、五〇〇〇万海峡ドルの強制献金である。

シンガポールを占領すると、日本軍はインドネシアなど他の東南アジア地域に転進し、シンガポールは日本統治下に置かれることになった。その際、日本は統治に必要な費用を、中国人住民などから寄付金の名目で調達しようとする。日本主導で華僑協会が創設され、親イギリスの海峡華英協会の創設者で有力指導者のリム・ブーンケンが会長に任命され、募金活動にあたらせた。

戦時の混乱のなかで多額の現金を持っていない住民には、五〇〇〇万海峡ドルという金額は途方もない額だったが、強制的に金額が割り振られ、住民は家財道具を売るなどして、数ヵ月後に何とか二九〇〇万海峡ドルを集め、残りは、日本の横浜正金銀行から借金して、体裁が整えられた。

占領直後の中国人粛清と強制献金は、日本の占領支配がどのようなものか、住民が知るには十分なものだった。

2　占領下の住民生活——自立意識の萌芽

日本化政策

日本は、シンガポール島を「昭南島」(「昭和の時代に得た南の島」の意味)と称し、シンガポール市を「昭南特別市」に改名して、昭南特別市政庁による統治を始めた。初代市長は、内務次官でのちに内相になる大達茂雄である。大達は東京から赴任し、一部の在シンガポールの日本人民間人も職員に登用された。

シンガポールは行政的に七つの大区に分けられ、その下に小区が設けられ、小区は一〇の組からなった。区長—小区長—組長の行政系統が創られ、区長は区内における米や食糧などの配給、警備や治安などの責任を負わされた。日本の隣組に類似した組織も創られ、住民を相互監視する体制も創られた。

占領から一週間後には、日本語の『昭南新聞』が刊行され、また、海峡ドルに替えて日本の軍票紙幣が発行されたが、一〇ドル紙幣にバナナの絵があったので、住民は「バナナ紙幣」と呼んだ。祝日も、日本の天皇制を軸にした制度が導入され、占領直後の混乱が収まると学校も再開されたが、授業の大半が日本語の学習に当てられ、生徒は毎朝、日本の皇居の方角に向かって拝礼させられ、君が代を歌わされたのである。

日本化政策を採った目的は、シンガポールがイギリス支配の下で欧化されていたので、それを除去して、新たに日本文化でシンガポールを創り替え、東アジアの植民地と東南アジア・太平洋地域の占領地からなる「大東亜共栄圏」の日本文化の拠点にしようと目論《もくろ》んだからだった。イギリスはシンガポールを東南アジアにおける貿易と軍事拠点にしたが、日本は文化拠点にしようとしたのである。

日本化政策のシンボルとも言えるのが、一九四二年末に島のほぼ中央部に位置するマックリッチー貯水池脇に、伊勢神宮を模して建てられた昭南神社であった。神社には日本人が参拝しただけでなく、シンガポール住民（イスラーム教徒のマレー人なども）も参拝を強いられた。日本は、東アジアの台湾や韓国の植民地で日本化政策を採ったが、同じことを、日本や東アジアとは違う宗教文化を持つシンガポールでも行ったのである。

恐怖下の日常生活

日本統治下で住民は息苦しい生活を強いられたが、とりわけ二つの出来事が住民を苦しめた。

一つは、憲兵隊による恐怖統治である。憲兵隊本部は、シンガポール川河口近くのエンプレス・プレイスと呼ばれるイギリス植民地政府の建物に置かれ、一部の中国人（台湾人など）をスパイに雇い、密告組織を通じて住民を厳しく監視・管理し、命令に従わない者には容赦ない体罰を与えた。それを示す一つのエピソードが、一九四二年七月に、混乱に乗じて軍用倉庫に盗みに入った住民八人を軍事法廷で死刑に処した後、シンガポールで最も人通りの多いオーチャード通りに面したキャセイビル前に彼らの首を並べて、日本軍への抵抗や不服従の見せしめにしたことである。

もう一つは、経済生活の大混乱である。第二次世界大戦前のシンガポールの住民数は五〇万人ほどだったが、日本がマレー半島各地を攻撃すると、戦火を逃れて多くの人々がシンガポールに避難したため、日本の占領時には、住民数は二倍の一〇〇万人に膨れ上がっていた。戦時下ではどの国も混乱に陥り、食糧や生活物資が不足して住民は苦しい生活を強いられるが、特にシンガポールはそうであった。シンガポールは食糧品や日常生活品のほとんどを外国からの輸入に頼っていたが、戦争と占領により貿易が途絶えたからである。そのため、住民はシンガポールにある限られた生活物資を入手するしかなく、日本軍発行のバナナ紙幣が大量に印刷・発行されたこともあり高インフレを招いた。

たとえば、占領年の一九四二年一二月に、米は〇・六キロが五〇セントだったが、日本占領が終えた四五年には七五ドルと一五〇倍に、卵一個も、一〇セントから三五ドルと三五〇倍にも値上がりしていた。このエピソードは、日本統治下の住民生活の苦しさをよく物語っている。

住民の分割統治

では、イギリスはアジア人移民を分割統治したが、日本は多様な民族からなる住民をどう統治したのだろうか。

簡明に言えば、中国人は徹底的に抑圧し、マレー人とインド人を優遇するという民族による使い分けを行った。マレー人を優遇したのは、日本軍がマレーシアを侵攻した際に協力的だったからである。マレー人は日本の統治を補助する現地人下級役人や警察官に登用されていく。インド人を優遇したのも、インドをイギリス支配から解放するためで、その支援策の一つとして、インド兵捕虜などを中心にインド独立義勇軍を組織し、ビルマ西部のルートからインドを解放するインパール作戦などに動員した（結果は悲惨な失敗だったが）。他方、中国人を抑圧したのは、日本が中国で苦しんだのは、彼らが中国を支援したためとみなしたからである。

日本の中国人、マレー人、インド人に対する扱いの違いは、教育政策に端的に表れた。日本占領直前の一九四一年には、華語教育学校が三七〇校（生徒数三万八〇〇〇人）、英語教育学校が八一校（二万七〇〇〇人）、マレー語教育学校が二九校（五八〇〇人）、タミル語教育学校が一八校（一〇〇〇人）であった。しかし、日本占領中に、華語教育学校は二一校（二五四三人）、それに英語教育学校も三六校（五〇〇〇人）へと激減し、これに対して、マレー語教育学校は二二校（四万四五七二人）と学校数はほぼ同じだが、生徒数が七・七倍にもなったのである。

日本は第二次世界大戦の際に、アジアを植民地化した植民地宗主国の顔と、欧米諸国支配からの解放支援国という二つの顔を持ち、これを国と民族により使い分けたが、東アジアと東南アジアと南アジアの三つの民族が住むシンガポールに、この矛盾が集約し表れていた。

「血債問題」——日本支配の傷跡

日本占領の「三年八ヵ月」は、シンガポール住民に深い心の傷を残したが、一九四五年八月にようやく終える。日本の敗戦とともに、日本支配の象徴だった昭南神社は日本人の手で爆破され、学校も華語教育学校や英語教育学校が復活して、日本占領期の痕跡は、表面上は消えた。しかし、だいぶ時間が経過した後に現れた痕跡もあった。

一九六二年に自治政府が公共住宅建設のために、シンガポールの東海岸一帯の土地を整地すると、大量の白骨が出土する。これは、日本が占領直後に行った中国人粛清の犠牲者の遺骨で、激怒した華人住民の間で日本に賠償を求める運動が起こった。ただ、形式的に言えば、一九五一年に対日講和条約のサンフランシスコ平和条約が締結された際、当時のシンガポールの宗主国だったイギリスは日本に対する賠償権利を放棄したので、シンガポールには賠償金を請求する権利はなかった。しかし、これは法律だけの問題ではなく、民族の血をめぐる問題である。華人社会を中心に「血債問題」として大きな政治問題になった。

長期間に及んだ交渉の末に、一九六七年九月、日本が占領時に中国人住民に課した強制献金額と同じ五〇〇〇万シンガポールドル（約六〇億円）を、無償と有償の協力金（それぞれ二五〇〇万シンガポールドル）として支払うことで一応の決着をみることになる。

同じ一九六七年には中華総商会が中心になり、日本占領中に死亡した人々の慰霊碑が建てられた。碑は約六八メートルの四本の白い塔からなり、四つは、それぞれ華人、マレー人、インド人、ユーラシア人を象徴し、日本支配の傷跡を伝えるものとなっている。

イギリス支配と日本支配

シンガポール住民の目からすると、日本はイギリスに次ぐ二番目の支配者だが、イギリスと日本に対する受け止め方はきわめて対照的である。

イギリスは、一八一九年から第二次世界大戦後の一九六三年まで約一四〇年間にわたり、シンガポールを支配し、日本の三年八ヵ月とは比べものにならない。しかし、多くのシンガポール人は、イギリス支配を恨むどころか、誤解を恐れずに言えば、評価している。ジャングルに覆われた一寒村に過ぎなかったシンガポールが、イギリス植民地となったことで世界史に登場し、中継貿易基地として発展したことで、祖先たちがシンガポールに移民して自分たちの生活の基盤が築かれたからである。また、イギリスは、法制度や教育制度など現代シンガポールの基本的制度を整え、これによりシンガポールが近代的な国となる。イギリスによって今日のシンガポールがある、と多くの人が受け止めているのである。

これに対して、日本の占領は短期間だが、苦しく苦い経験しか残っていない、何よりも、住民の目には、日本はアジアを欧米諸国の支配から解放すると言いながら、中国人を容赦なく弾圧し、経済や社会分野でも有益な制度を残すことなく、ただ住民の生活と社会秩序を破壊したに過ぎなかったと映るからである。これを象徴するのが、日本占領時代の民族を基準にした社会序列である。

イギリス植民地時代の社会序列は、支配者イギリス人を頂点に、ユーラシア人と英語を話すクィーンズ・チャイニーズがそれに次ぎ、アジア人では多数派の中国人が上位に位置して、少数派のマレー人とインド人が最下層に置かれていた。日本占領時代には、この社会序列が完全に破壊されただけでなく、日本はこれとはまったく逆の社会序列を創り上げた。すなわち、支配者のイギリス人を追放し、ユーラシア人とクィーンズ・チャイニーズをアジア人ではないとして排除し、中国人を抑圧して、マレー人とインド人を親日的だとして最上位に置いたのである。

日本占領時代は、それまでまがりなりにも機能していた多民族社会の民族秩序が破壊され、住民が何を拠り所にすればよいのか、まったくわからない不安な状態に置かれたのである。

自立意識の覚醒

しかし、日本の占領支配がシンガポールの歴史、とりわけ独立に何の意義も持たなかったわけではない。これは日本がまったく意図しなかったことだが、日本占領時代は住民に、シンガポールを支配・統治する権利を持つのは一体誰なのかという問題を考える機会をつくり、一部の人々が解答を得たからである。それは、次のような論理段階の順番を辿るものだった。

第一段階は、日本がシンガポールを攻撃したとき、イギリスが住民を守ってくれると考えていたが、実際には、イギリス人（民間人）だけが安全な場所に避難し、住民を置き去りにしたことを目撃したことである。

第二段階は、日本がイギリス支配を崩壊させて、住民にイギリス支配が絶対的なものではないことを認識させたことである。移民中国人もクィーンズ・チャイニーズも、イギリス支配は半永久的なものと受け止めていたが、日本軍に敗れ捕虜として命令されるイギリス兵士の姿を目撃して、彼らが絶対的存在ではないことを知ったのである。

第三段階は、新支配者の日本の統治がイギリス以上に過酷で容赦がなく、自分たちの生活に何の関心もないことを知ったことである。そして、第四段階として、どの外部勢力も自分たちの生活に関心がないことを知り、シンガポール住民の生活を守るのは自分たちしかいない、という結論に達したことである。日本占領を、身をもって体験したリー・クアンユーは、次のように述懐している。

私と同世代の仲間は、第二次世界大戦と日本占領を経験した若い世代である。この過程で、われわれを乱暴に粗末に扱うイギリス人も日本人も、われわれを支配する権利を持っていないことを確信した。われわれは、自分の国は自分たちで統治し、自尊心を持った国として子どもたちを育てることを固く決心したのである

（*History of Modern Singapore*, p.153）

過酷な日本の占領統治を経験して、外国人は自分たちを支配する権利はないというナショナリズム意識が生まれたのである。ある意味で日本の支配は、この自明な真理を認識するための膨大な犠牲を払った学習機会だった。ただ、この意識は、住民全員に共有されたのではなく、まだ一部の知識人などに限られていた。多くの住民がこの意識を持つには、第二次世界大戦後のシンガポールをめぐる波乱に満ちた出来事と経験が必要だったのである。

第3章

自立国家の模索——一九四五～六五年

自立国家の模索時代は、第二次世界大戦が終わった一九四五年から、六三年にマレーシアの一つの州として加盟してイギリス植民地から独立、さらに、わずか二年後の六五年に単独国家となるまでの二〇年間である。

この時代のシンガポールの焦点は二つあった。一つは、イギリス植民地から独立する際の国家の枠組みが、マレーシアの一部なのか、それとも単独国家なのか。もう一つは、国家の中身をめぐるもので、イギリス的国家の構築をめざすのか、それとも中国的国家の構築をめざすのかであった。この二つを軸に、シンガポール内外の諸々のアクターが参加し、それぞれのアクターの思惑が入り乱れて政治が展開される。

自立国家の模索時代におけるシンガポールの政治形態は、わずか二〇年の間に、イギリス直轄植民地―イギリス連邦内自治州―マレーシアの一州―独立国家と目まぐるしく変化したことが象徴するように、シンガポール史の最も激動の時代であり、最終の段階まで、当事者たちにもどうなるのかまったくわからない混沌とした時代でもあった。

1　独立運動の担い手――英語・華語教育集団

イギリスの復帰を歓迎する住民

第二次世界大戦が終えると、オランダ植民地のインドネシアでは、一九四五年に再び支配を試みようとしたオランダに対してインドネシア軍は鉄砲で迎えた。ベトナムでも、植民地支配を復活させようとしたフランスに対し、北部を拠点にするホー・チ・ミン率いる共産主義勢力が反対の銃声を放った。独立戦争の始まりである。

しかし、東南アジア各地で独立運動が盛り上がるなかで、一九四五年九月五日にイギリス軍や植民地政府関係者がシンガポールの土を踏むと、住民はイギリス国旗を振って歓迎する。これはインドネシアやベトナムとは大きく違う。その理由は、シンガポールでも一部の住民の間で、日本占領時代に民族ナショナリズムと反植民地意識が自覚されたが、一般民衆の間に広く共有されていなかったことにある。大半の住民は、日本占領の悪夢がようやく終え、イギリス支配の下で再び戦前期のように、出稼ぎの地で仕事ができると考えて安堵《あんど》したのである。

直轄植民地と自治政府

イギリスは、シンガポールに復帰するとただちに統治体制を変更した。戦前期には、シンガポールはマレー半島のマラッカ、ペナンとともに海峡植民地を構成し、マレー半島本土はマレー連合州として、それぞれ別の植民地単位であった。しかし、イギリスは一九四六年四月一日、マラッカとペナンをマレー半島本土に合体させてマラヤ連合（マレーシア）とし、シンガポールを単独の直轄植民地にしたのである。
シンガポールをマレーシアから切り離した理由は、イギリスが第二次世界大戦後もアジアにおける権益を維持するうえで、シンガポールが軍事的経済的にきわめて重要であると考えたこと、マレーシアのマレー人が、シンガポールの華人の政治経済力を懸念したことにあった。ともあれ、これによりシンガポールは初めて母体のマレーシアから切り離される。結果的に、これがのちの独立国家シンガポールの伏線になったのである。

イギリスは植民地支配を復活したものの、マレーシアやシンガポールなどアジアや世界の植民地の独立は、もはや不可避であると考え、将来の独立に向けて部分的自治権を与えた。その一環として、一九四八年にシンガポールに立法評議会を導入し、住民の一部に選挙権を限定した制限選挙で議員の一部を、選ぶことにした。そして、一九五五年になると立法評議会を、財政や外交や軍事などを除く自治権を持った立法議会に改組し、定員三二人のうち二五人を選挙による選出議員として、自治政府の成立を認めたのである。

このイギリスの改革に合わせて、シンガポール住民の間で政党結成の動きが活発化したが、その前に重要なことをみておく必要がある。それは、一般住民の間で、ナショナリズム意識がどのように形成されたのか、ということである。第1章でみたように、戦前期の主な政治社会集団は、移民中国人集団（華語教育集団）と海峡生まれ集団（英語教育集団）の二つだが、シンガポール独立運動の担い手もこの二つの集団から生まれていく。

英語教育集団

英語教育集団は、華人、マレー人、インド人、ユーラシア人など、民族を超えた人々からなり、彼らの共通軸になったのが現地生まれと英語教育である。この集団は日本占領時代の経験を通じて、自分たちがイギリスの一員として受け入れられないことを自覚し、また、シンガポールが自分の帰属する社会であるという意識を確立していた。第二次世界大戦後にシンガポールの自立の動きが始まると、独立運動の担い手集団の一つになったのである。

この集団を代表する一人がリー・クアンユーである。リーは、一九二三年九月一六日にシンガポールで生まれた華人四世で、小学校のときから英語教育学校に学び、日本占領時代には、一時期、日本の通信社で生活のために働いた。戦後の一九四六年九月から五〇年七月までイギリスに留学し、最初はロンドン大学で学んだ。だが、ロンドンのあわただしい生活環境に不満を感じてケンブリッジ大学に移り、当地で一九五〇年六月まで法律を学ぶ。のちにリー夫人となる、マレーシア生まれの華人女性クワ・ギョクチューも、イギリス植民地政府奨学金を得て、ケンブリッジ大学でリーと一緒に法律を学んだ仲間である。リーは、このイギリス留学時代にシンガポールの独立意識を確かなものとし、帰国後は政治家になり、イギリスを追い出してマレーシアに加盟し、シンガポールに社会主義社会を建設する決意を固めた。

帰国後、二人はすぐに結婚し、最初はイギリス人経営の法律事務所で働いたが、一九五五年九月に独立して「リー&リー法律事務所」を開いた。一九五九年にリーが選挙に出馬するために事務所を辞めた後は、夫人とリーの弟などが事務所を切り回し、一族経営でスタートした小さな法律事務所は、現在はシンガポール最大の法律事務所になっている。

リー・クアンユーとクワ・ギョクチー

リーは、独立運動を英語で教育を受けた仲間と一緒に行うが、この仲間はイギリス留学時代に形成されたものである。のちに人民行動党政府の財務相に就任して、シンガポールの経済開発を担うゴー・ケンスィー（一九一八年生）は、マラッカの実業家一族出身で、ロンドン大学で経済学を学んだ。外相に就任してスポークスマンの役割を担うインド人のラジャラトナム（一九一五年生）は、ロンドン大学でジャーナリズムを専攻し、人民行動党委員長になるトー・チンチャイ（一九二一年生）もロンドン大学で生理学を学び、労相や法相になるケニー・バーンはオックスフォード大学で法律を学んだ。とりわけ、人民行動党政権の中核メンバーとなるリー、ゴー、ラジャラトナム、トーの四人は、ともにシンガポールのエリート英語高校のラッフルズ学院に学び、ほぼ同時期にイギリス留学した仲間であった。

華語教育集団とマラヤ共産党

独立運動のもう一つの担い手となる華語教育集団の場合、シンガポール帰属意識の形成は、英語教育集団とはかなり事情が違っていた。彼らは、日本の占領支配が終えると、戦前期と同様にシンガポールで働いて故郷中国の家族に送金し、いずれ中国に帰ることを考えていた人々が大半を占めていたからである。しかし、彼らの運命を変える出来事が母国中国で起こる。

一九四九年、中国共産党が国民党を破り中華人民共和国を建国する。冷戦体制のなかで反共陣営に属したイギリスは、共産主義運動がシンガポールに波及することを懸念して、中国からの新規移民、それに中国とシンガポールの往来を禁止した。この措置により、華語教育集団は中国に戻るか、それともシンガポールにとどまるかの選択を迫られたのである。

彼らの行動は二つに分かれた。一つは、少数ではあったが祖国中国に帰った人々である。その代表は戦前期に中国支援運動を組織したタン・カーキーである。タンは、中国に社会主義国家が誕生すると嬉々として帰国し、東南アジア華僑代表として中国政府の一員に加わり、巨額の私財を寄付して出身地の福建省に廈門大学を創設した。タンは、身はシンガポールにあっても心は常に中国にあったわけで、中国人移民の一つの顔であった。

もう一つは、シンガポールにとどまる道を選択した多数派である。彼らが異郷の地のシンガポールを選択した理由は明瞭である。タンのような愛国主義者、あるいは筋金入りの共産主義者でない限り、中国の社会主義国家の行方や生活がどうなるか確たる見通しがなかったからである。これに比べると、シンガポールは気心の知れた仲間が大勢いるし、何よりも仕事があり、生活基盤があった。かくして、華語教育集団も外部強制によるものながら、シンガポールを自分の国と考え、独立運動の担い手集団の一つとなった。

この集団の指導者が、華語教育学校を卒業し、労働組合運動を指導した戦闘的な若者の一群で、その代表格が中華中学卒業後、労働組合運動を組織した若いリム・チンション（一九三三年生）とフォン・スィースアン（三二年生）の二人である。

華語教育集団には、共産主義の強い影響を受けた人々もいた。日本占領時代に一部の中国人は抗日マラヤ人民軍を組織し、日本に対してゲリラ活動を行ったが、それを主導したのがマラヤ共産党であった。抗日マラヤ人民軍は、最初はわずか一六五人だったが、日本の敗戦時には一万人にも膨れ上がっていた。

一九四八年六月にマラヤ共産党は、この軍隊を中核にマレーシアとシンガポールからイギリスを追い出し、社会主義国家を創ろうとして武装蜂起したこともあった。しかし、イギリス植民地政府が非常事態宣言を発動し（一九四八～六〇年）、マラヤ共産党を非合法化して武力鎮圧する。また、土着民族のマレー人が、移民中国人がマレーシアの権力を握ることに強く反発したため、蜂起は失敗に終わった。その後、マラヤ共産党は、華人労働組合や華語学校学生の間に勢力を拡げる方針に転換し、一部の華人活動家に接近していく。

このように華語教育集団には、中国的なものに愛着を持つ非政治的な人々から、シンガポールに社会主義国家を創ることを望む共産主義者まで、政治的に幅広い立場の人々が含まれていたのである。

共闘による人民行動党の結成

二つの集団は、英語教育集団（英語教育グループ）がイギリス的国家、華語教育集団（共産系グループ）が中国的国家（中国文化を基礎にした国家）、あるいは社会主義国家を志向して、政治イデオロギーがまったく違っていた。また、社会的にも、一方が英語教育、他方が華語教育で何の接点もなかった。しかし、奇妙にも二つの集団が共闘して政党を創ったのである。

この二つのグループの仲立ちをしたのがリー・クアンユーであった。華人労働者などが活発な反英運動を行うなか、イギリス植民地政府の取り締まりや弾圧を受けて裁判にかけられると、彼らを法廷で弁護したのが、新進気鋭の弁舌が爽やかで鋭いリーだったからである。これを契機に二つのグループが接近し、反イギリスという目標で一致して手を握る。

一九五四年一一月二一日、シンガポール都心部のビクトリア・メモリアル・ホールに一五〇〇人の労働組合関係者、英語教育や華語教育知識人が参集して、人民行動党の結党大会が

人民行動党結党大会，1954年11月21日

開催され、弁護士のリー・クアンユーを書記長に、シンガポール大学教員のトー・チンチャイを委員長に選出した。二人は英語教育グループに属したが、中央執行委員にはリム・チンションなど共産系グループの主要指導者が名前を連ねた。これが現在、シンガポール国家に君臨する人民行動党の誕生の瞬間である。

それにしても、なぜ政治イデオロギーがまったく違い、志向する国家像もまったく異なる二つのグループが手を握ったのだろうか。実際、それぞれのグループはそれぞれに違う思惑を持っていた。

英語教育グループの場合、指導者の大半がイギリス留学組であり、イギリス植民地政府の受けはよいが、少数派のエリートで、大衆組織を持たないという決定的致命点があった。仮に、シンガポールの政府を、国民全員が参加する普通選挙で決めることになった場合、華人大衆が決定権を握るが、彼らは共産系グループの影響下にあった。そのため、英語教育グループは、選挙における華人大衆の票を目当てに共産系グループと共闘しようとしたのである。

他方、華人大衆を支持基盤にする共産系グループは、単独で政党を創っても選挙での勝利は確実であった。だが、一九四八年にマラヤ共産党が武装蜂起すると、イギリス植民地政府はマラヤ共産党を非合法化した際に、共産系グループをそのシンパとみなしたため、政党結成を届け出ても認められる可能性がほとんどなかった。そのため、共産系グループは、英語教育グループを「隠れ蓑」にして選挙に参加し、政権掌握後に英語教育グループを放逐して実権を握ろうと考えていたのである。

二つのグループは、英語教育グループが「頭脳」、共産系グループが「手足」の相互補完関係をなし、党の大衆基盤が華人労働者だったため、その目標に社会主義の実現を掲げる。かくして、同床異夢ながらも、シンガポールを代表する二つの政治社会集団が手を握ったことから、選挙における人民行動党の勝利は約束されたも同然だった。しかし、人民行動党は選挙に勝利するための便宜的共闘でしかなく、勝利後に二つのグループの主導権争いが発生することも不可避であった。

実際、その後の政治過程はそのとおりに展開するが、その前に、人民行動党政権がどのように誕生していくかみておこう。

2 人民行動党政権の誕生

一九五五年のマーシャル自治政府

イギリスがシンガポール植民地の制度改革を行い、一九五五年に部分的内政自治権を持った自治政府を導入したことはすでにみたが、人民行動党はこの選挙に参加するために結成される。一九五五年四月二日に実施された立法議会選挙（定員三二人、うち選挙選出議員二五人）に、人民行動党はリー・クアンユーなど四人の候補者を立てた。選挙制度の詳細については第4章でみるが、一九八八年に集団選挙区制が併用して導入されるまで、小選挙区制である。

選挙の結果、当選者は、イギリス植民地政府の現地人職員など、英語教育労働者を基盤にした労働戦線が一〇人、保守派の有力指導者が創った進歩党が四人、中華総商会を基盤にした民主党が二人、マレーシアの政党と連携した連合党が三人、そして人民行動党が三人、無所属が三人であった。人民行動党の立候補者は、議会定員の半数にも満たない四人だけだったが、この時点で人民行動党はまだ政権を握る準備ができておらず、また、選挙権が同党の支持基盤の華人大衆に与えられていない制限選挙だったため、野党として政治参加することをまず目標としていた。

選挙後、第一党となった労働戦線党首でイラン系シンガポール人のデビッド・マーシャルが初代首相に就任した。しかし、首相の権限がきわめて制限されたものであり、マーシャルは権限の拡大や独立を要求して絶えずイギリス植民地政府と衝突し、就任からわずか一年後の一九五六年六月に辞任してしまう。後任首相には、英語教育労働組合指導者で労働戦線のリム・ユーホックが就いたが、この労働戦線政権時代は、華人労働組合の政治活動や華語学生の運動が活発化して、不安定な政治情勢が続き、ほとんど何の政策も実行できなかった。労働戦線政権は、人民行動党政権が誕生するまでの過渡的な存在だった。

一九五九年総選挙での人民行動党の勝利

一九五七年にマレーシアはイギリスから独立し、王族のラーマン首相が率いるマレー人社会と華人社会とインド人社会を代表する三つの政党が連携した連合党政権が誕生した（この政権は現在も続いている）。

一九五九年に、シンガポールは英連邦内自治州となり、外交と国防を除いた完全内政自治権が付与され、議会定員も五一議席に増え、全員が選挙で選出されることになった。あわせて普通選挙権（二〇歳以上の男子）も導入された。人民行動党は結党から四年半の間に力をつけ、「民主社会主義・非共産主義のマレーシアとの合併による独立」をスローガンに掲げ

人民行動党政権の誕生，1959年　中央にリー・クアンユー

て政権獲得をめざした。

一九五九年五月三〇日に実施された選挙の結果は、人民行動党が四三議席（得票率五三・四％）、シンガポール人民党（政権党の労働戦線が改名した政党）が四議席（二〇・四％）、マレーシアのマレー人政党と連携した統一マレー人国民組織が三議席（五・四％）、保守派政党の自由社会党は得票率では八・一％の票を獲得したが、議席はゼロであった。選挙は人民行動党の圧勝だった。

その要因の一つは、政権党のシンガポール人民党や保守派政党が魅力的な政策を打ち出せなかったのに対し、これからみるように、人民行動党が政策実行力をアピールしたことにあった。しかし、最大の勝因は、二〇歳以上の男子に普通選挙権が与えられ、当時シンガポール社会の七七％を占める華人大衆が選挙に参加したことにある。

一九五九年六月三日、リー・クアンユーが三五歳の若さで首相、トー・チンチャイが教育相、ゴー・ケンスィーが財務相、ラジャラトナムが文化相に就任して、英語教育グループが中心となった人民行動党政権がスタートした。

しかし、共産系グループの力が侮れないことを示すエピソードがある。総選挙の勝利後、誰を首相にするかを決める人民行動党中央執行委員会が開催された。リー・クアンユー書記長と、一九五七年にシンガポール市長選挙に当選し（シンガポール市は、イギリス植民地政府が戦後にシンガポール島の市街地に創設したもの。ただし、人民行動党が政権を握ると、狭い国土に国と市の二つは不要との理由で廃止）、華人大衆の間で絶大な人気を持つオン・エングエン市長の二人が争い、投票が同数だったため、議長のトーがリーに投票して（結果的に彼は二票を投じた）、ようやくリーが首相に決まったのである。

このエピソードは、まだリーの威信が絶対的ではなかったこと、共産系グループが強力だったことを物語る。事実、この後でみるように政権獲得後、リーは共産系グループとの死闘に全力を注ぐことを強いられ、一時は政権崩壊寸前まで追い詰められたからである。

人民行動党政府の経済開発政策

人民行動党政権が誕生すると、緊急に取り組まなければならない政策課題があった。一つが工業化である。

イギリス植民地時代のシンガポールは中継貿易が軸になり、貿易、海運、スズやゴム加工業、それに金融業、保険業、小売りなどのサービス業が発展した。しかし、東南アジア諸国は独立すると、植民地時代の貧困状態から脱却するために、それまで欧米諸国などに依存していた工業製品の輸入を止めて、自国で工業製品を生産する輸入代替型工業化戦略を採用した。これは東南アジア諸国の貿易が減ることを意味し、中継貿易に依存するシンガポール経済に深刻な打撃を与えることは不可避であった。そのため、人民行動党政府は、貿易など第三次産業を軸にした産業構造ではこれ以上の発展は望めないと考え、他の開発途上国と同じように、第二次産業の製造業を振興したのである。また、人民行動党政権が誕生したときの失業率は一〇%を超えており、国民に早急に仕事を提供する必要もあり、雇用創出力が大きい製造業を振興する工業化の後押しをした。

人民行動党は、一九五九年総選挙の際に、「この先の任務」というタイトルのマニフェストを発表して、政策立案能力と実行能力を持つ政党であることを国民にアピールしたが、政権に就くと、ただちに工業化を開始した。ゴー・ケンスィー財務相が中心となり、経済開発政策の策定や経済開発庁など政府行政機関の整備などを行い、開発戦略は、他のアジア諸国と同様に輸入代替型が採用された。ただ、それには一定規模の国内市場が必要なことから、合併が見込まれているマレーシアが国内市場として想定された。国民に仕事を提供するために労働集約型産業も振興されたが、近隣諸国との競合を避けるために、造船業や石油精製業など重化学工業の振興に重点が置かれ、その際に重化学工業を担える国内企業がなかったため、外国企業を軸にする戦略が採られた。そして、外国企業向けの工場用地として、シンガポール島西部のジュロンの広大な沼地を埋め立てジュロン工業地区が造成された。

このようにして工業化が始まったが、この時期は人民行動党の英語教育グループと共産系グループの死闘が展開された政治の季節であり、経済開発は後回しとならざるを得ず、さしたる成果を挙げることはなかった。とはいえ、この時期の開発政策が無意味だったのではなく、結果的に、分離独立後の発展の下準備の役割を果たすことになる。そして、もう一つの課題は、多くの国民が市街地の劣悪な状態のスラムに住んでいることから公共住宅の建設だが、これは第4章でみる。

人民行動党の分裂

人民行動党の英語教育グループと共産系グループの対立は、一九五九年の政権誕生直後から水面下で始まっていた。それが表面化したのは、一九六一年五月に、それまでシンガポールとの合併に反対していたマレーシアのラーマン首相が、シンガポールの共産主義化を防ぐには、シンガポールをマレーシア内部に取り込むしかないと考え、合併を容認する意向を表明したときからである。

ラーマン首相の表明から二ヵ月後の一九六一年七月、マレーシアとの合併に反対する人民行動党の共産系グループの国会議員一三人が離党して、社会主義戦線を結成する。分裂にともない、全選挙区に設置された五一の人民行動党支部委員会のうち、三五支部が社会主義戦線の側に移り、人民行動党に残ったのは、わずか一六支部となった。人民行動党と社会主義戦線の対立軸は、マレーシアとの合併是非をめぐるものであると同時に、イギリス的国家を創るのか、それとも中国的国家を創るのかという点にあり、シンガポールの行方を決める二つのグループの死闘は、マレーシアと合併する一九六三年九月まで続く。

では、なぜマレーシアとの合併の是非が、二つのグループの間で問題になったのだろうか。それを知るにはマレーシアの政治社会事情をみる必要がある。マレーシアは、民族比率は違うが、シンガポールと同様に、マレー人（六五％）、華人（二五％）、インド人（八％）からなる多民族社会である。マレーシアは、マレー人と華人の民族対立が厳しい国だが、その根は、歴史的にマレー人が住む社会に、イギリス植民地時代に華人（とインド人）が出稼ぎ移民として到来し、マレーシア経済の実権を握ったことにある。しかし、民族対立が激しいにもかかわらず、独立に際して安定的な政権が誕生したのは、三つの民族社会のエリートが創った政党が連携して連合党を創ったことにあり、独立前の一九五五年総選挙で、連合党は議会五二議席のうち五一議席を獲得し圧勝していた。

一九五七年にマレーシアが独立すると、シンガポールの独立も時間の問題となった。シンガポールには単独独立の選択肢もあったが、住民の生活に不可欠な水や食糧などをマレーシアに依存せざるを得ないこと、シンガポールはもともとマレー社会の一部だったことから、大半の住民はマレーシアの一州に加盟しての独立を望んだ。これが人民行動党の立場である。社会主義戦線もマレーシアとの合併が望ましいと考える点では同じだが、反共のマレーシア政府が同党を弾圧することを恐れて、戦略的観点から反対したのである。

さまざまな議論や駆け引きの末に、一九六二年九月一日にマレーシアとの合併をめぐる国民投票が実施された。これは、住民が人民行動党を支持するのか、社会主義戦線を支持するのかを測る一つの機会でもあった。社会主義戦線は投票ボイコットを呼びかけたが、人民行動党政府案が七三・八%の高い支持率を獲得し、一九六三年九月一六日、シンガポールは教育、労働、財政分野で自治権を持つマレーシアの一州に加わり、イギリスの植民地支配は終焉を迎えることになる。

社会主義戦線の弾圧

だが、人民行動党と社会主義戦線の闘いは、これで終わりではなかった。最後の決戦の機会となったのが、合併から約一週間後の一九六三年九月二一日に実施されたシンガポール州議会選挙（総選挙）である。

選挙で人民行動党は、政府の権限をフルに活用して社会主義戦線を徹底的に弾圧した。社会主義戦線の最大の支持基盤である労働組合の銀行口座の凍結命令を出し、社会主義戦線の選挙資金を抑え込んだのは、その一例である。さらには、二つのグループの戦いに、マレーシア政府が人民行動党を支援する。

マレーシア政府は、シンガポールがマレーシアの一員になることを認めたが、シンガポール州の政権が共産系グループの手中に落ちることは絶対に容認できなかった。イスラーム国家のマレーシアは、スルタンを国王に戴く立憲君主制の国だが、共産系グループは王制に反対の立場を採っており、もし、シンガポール州政権を握った場合、マレーシアの国家体制が危機に陥る可能性があったからである。

政治的利害が一致した人民行動党とマレーシア政府は、合併前の一九六三年二月、「コールドストア作戦」という名の共同治安作戦を行い、リム・チンションやフォン・スィースアンなど共産系グループの主要指導者一一三人を根こそぎ逮捕した。野党に対する人民行動党の抑圧は、独立国家時代にも使われることになるが、社会主義戦線は頭脳を失った状態で、シンガポール州議会選挙に臨むことを強いられたのである。

一九六三年の州議会選挙

選挙結果は、人民行動党が国会五一議席中三七議席（得票率四六・五％）、社会主義戦線が一三議席（得票率三三・〇％）、無所属が一議席であった。人民行動党と社会主義戦線の得票率の違い以上に（人民行動党は社会主義戦線の約一・五倍）、議席獲得率が約三倍と大きく開いた一因は、小選挙区制にあったが、社会主義戦線の主たる敗因は、人民行動党とマレーシア政府による徹底的な弾圧にあった。これを考慮すると、社会主義戦線の三三％の得票率は、共産系グループが華人国民の間で根強い支持を持っていたことを示すものである。

ではなぜ、彼らは社会主義戦線を支持したのだろうか。その理由は、多くの華人国民にとって、英語教育エリートの人民行動党は、かつての支配者イギリス人と同じ「異邦人」であり、共産系グループの指導者が中国語方言でシンガポールの生活や中国文化などを語ったことから、民族的な共感を持ったことにあった。

選挙後、社会主義戦線は、残された二流や三流の指導者の間で路線方針をめぐって内部分裂を繰り返し、急速に弱体化して政治の舞台から消えていった。これにより、シンガポールの政治権力を英語教育グループが握るのか、それとも共産系グループが握るのかという問題、換言すると、イギリス的国家を創るのか、中国的国家を創るのかという路線闘争は結着する。

この後、リー率いる人民行動党は英語教育を基礎にした国創りに邁進していくが、その前にリーは、政治家として最大の屈辱とも言える苦い経験を味わうことになる。それが、わずか二年で破綻したマレーシア時代である。

3　マレーシア連邦時代——共存から追放へ

旧イギリス植民地によるマレーシア結成

イギリスは、マレー半島のマラヤ（マレーシア）とシンガポールの他にも、南シナ海を挟んだボルネオ島北部にサラワク、ブルネイ、サバの三つの植民地を持っており、これらの植民地が独立する際に、イギリスの経済権益を維持するために一つの国家になることを望んだ。しかし、これはイギリスの勝手な思惑でしかなく、マレーシアの目からすると、シンガポールと一緒になるのが最も自然であった。しかしその場合、マレーシアにとり望ましくない事態が生じることにもなった。

マレーシアは、マレー人が多数派の社会だが、華人が多いシンガポールと一緒になった場合、マレー人が四三％、華人が四四％、インド人が九％となり、わずかだが華人人口がマレー人の人口を上回るからである。そのため、選挙では華人は華人政党に、マレー人はマレー人政党に投票するため（これは「種族政治」と呼ばれる）、華人政党が第一党となり、華人首相が誕生する可能性があった。これは、自分たちをマレーシアの土着民族と考えるマレー人にとって絶対に容認できることではない。しかし、ボルネオ島北部の三つのイギリス植民地

マレーシア首相ラーマン（右）とリー・クアンユー，1962年

を含めると、マレー人が四六％、華人が四二％、インド人が八％となり、かろうじてマレー人が主導権を握ることができる。これを大きな理由に、五つのイギリス植民地が合体してマレーシアを結成することになったのである。

ただ、最終段階で、石油収益を中央政府に吸い上げられることを懸念したブルネイが合併構想から離脱する。一九六三年九月一六日、マラヤ、シンガポール、サバ、サラワクの四つの地域が合体してマレーシア連邦が誕生する。

インドネシアのマレーシア対決政策

マレーシアが結成されると、ただちに近隣諸国の間に波紋を巻き起こした。

インドネシアのスカルノ大統領が、イギリス旧植民地によるマレーシア結成を、イギリスの陰謀であると非難し、ボルネオ島北部のサバ州とサラワク州は、植民地化される前はインドネシア領土であったと唱え、実力でマレーシアを粉砕する対決政策（コンフロンタシ）を打ち出したからである。

インドネシアが、サバ州とサラワク州、そして、マレー半島部にも攻撃部隊を上陸させると、イギリスがマレーシアに軍隊を派遣して地域の緊張が高まった。一九六五年三月には、シンガポールのオーチャード通りにある銀行ビルで爆弾テロが発生し、三人の死者と三三人の負傷者が出た。爆弾テロを実行したインドネシア兵二人は逮捕され、のちに絞首刑となった。

また、スカルノ大統領は対シンガポール貿易を禁止する措置を採ったので、対インドネシア貿易が貿易全体の三分の一ほどを占めていたシンガポールは経済的苦境に陥る。さらには、フィリピンもサバ州は本来、自国の領土であると唱え、マレーシアと国交を断絶した。

新生マレーシアは近隣国との軋轢《あつれき》を招いたが、マレーシアとシンガポールにとり幸いだったのは、この頃に東南アジアで発生した二つの出来事により、この問題が解決に向かったことである。

一つは、一九六五年九月、インドネシアでスカルノ大統領が失脚する「九・三〇事件」が起こったことである。その結果、マレーシアとの協調路線を模索するスハルトが実権を握り、一年後の一九六六年八月に、マレーシアとインドネシアの間で平和協定が結ばれた。また、インドネシアは独立後のシンガポールとの貿易を再開し、一九六七年九月には国交も回復した。

もう一つは、一九六七年八月に結成された東南アジア諸国連合（ASEAN）である。A

SEANは、インドネシア、フィリピン、マレーシア、シンガポール、タイの東南アジアの反共五ヵ国が、ベトナム戦争におけるアメリカの軍事行動を支援する目的で創ったもので、これ以降、五ヵ国はASEANの結束を重視して、地域政治での協調路線に転じたのである。

マレーシアとの経済・政治軋轢

シンガポールにとり、インドネシアの対決政策以上に深刻なのが、マレーシア中央政府との軋轢であった。

発端は、シンガポール州の経済開発をめぐる州政府と中央政府の見解の相違にあった。シンガポールがマレーシアに加盟したのは、歴史地理的、民族社会的理由だけでなく、経済的理由もあったことはすでにみた。すなわち、一九五九年の人民行動党政権誕生後に始まった輸入代替型工業化で、シンガポールはマレーシアを格好の国内市場とみなし、マレーシアの工業基地となることで経済開発を進めようとしたのである。しかし、中央政府の目からすると、一九六三年のシンガポールの一人当たり国民所得が五一一ドルなのに対して、マレーシア（マラヤ）は二二〇ドルでしかなく、シンガポールはすでに十分に発展していた。そのため、中央政府はマレー人が住む農村地域の開発を優先させ、シンガポールが工業化振興のために中央政府に提出した、外国企業の投資認可申請を無視したのである。これに対して、当然ながらシンガポールの不満が高まった。

シンガポールは、自分たちの要望が無視された原因は、中央政府に自分たちの代表がいない政治体制にあると考えた。一九五七年の独立以来、マレーシア政府は、マレー人社会、華人社会、インド人社会を代表する三つの政党で構成されていたが、人民行動党はマレー半島部の華人政党のマレーシア華人協会に替わって中央政府の一角を担い、マレー人政党の統一マレー人国民組織のパートナーになろうとしたのである。そのため、一九六四年九月のマレーシア総選挙で、人民行動党はマレー半島各地の選挙区で合計一〇人を立候補させたが、結果は、一人当選だけの惨敗であった。

人民行動党のマレー半島部における選挙参加は、中央政府の統一マレー人国民組織の目には、マレー半島部の安定的な政治体制を破壊する行為と映った。マレー人政治家が、シンガポール州政府を率いるリー・クアンユーを、マレーシアの国家体制を破壊しようとしているとして厳しく糾弾すると、リーもまた強く反論して、感情的な非難の応酬が始まることになる。

民族対立

シンガポールとマレーシアの軋轢は、最後にはマレー人対華人の民族対立に転化した。中央政府が「マレー人優位のマレーシア」を唱えたのに対し、シンガポールはすべての民族を平等に扱う「マレーシア人（マレー人・華人・インド人）のマレーシア」を唱えて、中央政府を真っ向から批判し、ボルネオ島のサバ州とサラワク州の反中央政府の野党と組んでマレーシア連帯会議を結成して、中央政府に対抗する。

両者の対立が抜き差しならぬ状態に陥るなかで、一九六四年七月にシンガポールで、イスラーム教預言者のムハンマドの生誕を祝う集会に参集した二万人のマレー人が行進中に、華人とマレー人の民族衝突が発生して、二三人の死者が出た。さらに同年九月にはマレー人の人力車夫が殺害された事件をきっかけに、華人とマレー人が衝突して一三人の死者が出るという悲劇が繰り返された。

マレー人政治家は、すべての原因は、マレーシアの国家原理に異議を唱えるリー・クアンユーにあるとし、強硬派はリーの逮捕を主張、穏健派はリーを国連大使に転出させて、リーの片腕で穏健なゴー・ケンスィーを後任のシンガポール州首相に据えるという案を提起する。リーの扱いが焦点になったわけだが、さらなる民族衝突の発生を懸念したラーマン首相が決断したのは、シンガポールをマレーシアから追放することだった。

シンガポールの「追放」

ラーマン首相は、一九六五年八月九日にシンガポール追放を国民に告げた議会演説のなかで、追放を決断した理由として、人民行動党のマレー半島部への政治進出、経済対立、それにマレーシア連帯会議の反中央政府運動を挙げた。

マレーシアからの離脱について語るリー・クアンユー，1965年8月9日

リー・クアンユーは、都市国家シンガポールはマレーシアの後背地なしには生存できないこと、また、シンガポールはマレーシア経済に大きな比重を占めているという自負から、マレーシア中央政府との関係がどんなに悪化しても分離独立は自殺行為でしかないと考え、独立が頭のなかに浮かぶことはなかった。そのため、ラーマン首相のシンガポール追放の決断は、まったく予期しない青天の霹靂《へきれき》であった。しかし、リーにとり、この決定がどんなに信じ難いものであっても、一九六三年のマレーシア加盟が、ラーマン首相が容認したことで実現したように、シンガポール追放に関してもラーマン首相が最終権限を握っており、それを受け入れる以外に選択肢はなかったのである。

一九六五年八月九日、シンガポールは単独の独立国家になった。とはいえ、これはシンガポールの誰にも祝福されないものだし、リー・クアンユーには最悪のシナリオであった。自活能力を持たないシンガポールは、民族対立や宗教対立が刺々《とげとげ》しい東南アジア世界の荒波に放り出されたからである。

分離発表の記者会見の場でリーは、次のように述べている。

私には、これは苦悶《くもん》の瞬間である。これまでの私の人生、とりわけ政治家になって以降、私はマレーシアとシンガポールの合併と統一を固く確信し、そのために行動してきた。両国は、地理的にも経済的にも社会的にも一つになるのが自然だからである。それなのに、私があれほど信じてきたものが、いますべて崩れ去ってしまったのだ……。

ここまで言うと、リーは人目も憚《はばか》らずに泣き崩れた。

なぜ、リーの意に反してシンガポールは追放されたのだろうか。その原因を解明するには、シンガポール側とマレーシア側双方の言い分を検討する必要がある。これについては、首相退任後のラーマンの言葉がマレーシア側の見方をよく語っている。

ラーマンは一九七七年に執筆した回顧録のなかで、マレーシア時代のリーの行動を振り返り、「リーは、シンガポールとマレーシアが一緒になるために懸命に頑張った。しかし、それ以上に、マレーシアを壊すためにもっと頑張った」と皮肉を込めて評している。この指導者間の不信感は大きかった。

また、分離にいたったシンガポール側の要因として次の点が挙げられる。一八一九年にイギリス植民地となった以降のシンガポールは、マレーシアを上回る経済発展を遂げて、マレーシアの一州であるには経済的に大きく成り過ぎたことである。さらに、マレー人が自らを「ブミプトラ（土地の子）」と呼び、マレーシアはマレー人の国であると唱えていたのに対し、シンガポールは華人が多数を占める独自の社会であったこと、そして何よりも、シンガポールの独立運動の担い手に、イギリス的国家をめざす集団と中国的国家をめざす集団はいたが、マレー的国家をめざす集団がいなかったことである。たしかにマレー人社会がこれに該当するが、彼らは少数派で政治社会的影響力がほとんどない状況だった。

現代アジアを見渡すと、イギリス植民地だったインドは、さまざまな王朝の盛衰はあったが、古代から国土の一体性を維持し、イギリス植民地支配の清算過程で、ヒンドゥー教とイスラーム教の宗教の違い（対立）を理由に、インドとパキスタンの別々の国家に分離した。これとは事情が少し異なるが、歴史地理的に一体だったマレーシアとシンガポールも、植民地支配の清算過程で、民族の違い（対立）を理由に別々の国家に分かれたのである。

第4章　リー・クアンユー時代——一九六五〜九〇年

リー・クアンユー時代は、マレーシアから分離独立した一九六五年から、リーが首相を退任する九〇年末までである。この時代から、政治社会の混乱に満ちていたシンガポールの風景が一変して、政治安定と高度経済成長の風景が現れる。

この時代の最大の特徴は、人民行動党が政治を独占する体制の下で、経済発展が最高の、かつ唯一の国家目標に設定されて、政治や社会や文化はそのための手段と考えられ、これに基づいてあらゆる制度が構築されたことである。これが「開発主義国家」と呼ばれるもので、シンガポールだけでなく、韓国、台湾、インドネシア、少し遅れてマレーシアなど、この時期に発展を遂げたアジアの多くの国の政治経済体制であった。シンガポールは開発主義国家のシステム構築が、いわば極限状態にまで追求された国であり、このシステムを創り上げたのがリー・クアンユーである。

本章では、時系列的に歴史過程を跡付けるのではなく、リー時代の政治経済体制の形成過程や仕組みや特徴や実態を、政治、安全保障、経済、社会の四つの分野ごとにみていく。

1　人民行動党一党体制の確立

「生存の政治」のスローガン

一九六五年八月九日、リー・クアンユーはパダン（芝生の大広場）の北側に建つ、コロニアル・スタイルのシティー・ホールの階段上でシンガポールの独立宣言を読み上げ、「シンガポールは永久に、自由と正義の理念に基づく独立の民主的主権国家であり、常に国民の福祉と幸福を希求し、より公正で平等な社会をめざす」ことを宣言した。

人口一八九万、東京都二三区ほどの面積からなる独立国家の誕生である。リーが独立宣言を読み上げたシティー・ホール前に広がるパダンは、ほぼ毎年独立記念日のパレード会場として使われており、独立国家はここから始まった。分離独立後もマレーシアとの軋轢は続いたが、表面的には友好関係が維持され、相互に国家を承認し、シンガポールはただちに国連に加盟して国際社会の一員となり、自立の第一歩を踏み出した。

しかし、独立を祝う華やかな式典の裏側をのぞくと、シンガポールの船出は波乱に満ちたものでしかなく、世界のシンガポール観察者のほぼ全員が、いったい何ヵ月持つのか懐疑的な目でみていた。シンガポールは、日常生活に不可欠な食糧や飲料水を自給できずマレーシアなど近隣諸国に依存せざるを得ないが、そのマレーシアから追い出されて生活の保障を失ったからである。

しかも、シンガポールは国内でも重大な問題を抱えていた。これまで、シンガポールが生き残る唯一の道は、マレーシアとの合併であると唱え、社会主義戦線の反対を押し切って人民行動党は施策を突き進めてきたが、わずか二年で失敗したのである。人民行動党に対する国民の不信と強い批判が噴出することは不可避だった。国の内外ともに国家生存の危機だったのである。

しかし、国民の間で政府批判が噴出することはなかった。それは、国民もシンガポールが置かれた深刻な危機状況を理解したからである。現在は起こってしまったことを蒸し返して、あれこれと政府の批判をしているときではない、それよりもいかに自分たちの生活を考えるかが何よりも重要であり、そのためには政府についていくしかないと受け止めたのである。これまで国民は、シンガポールの独立国家の枠組みは「マレーシア」であると教えられてきたが、分離後は「シンガポール」がそうだと、自らに言い聞かせたのである。

この危機状況のなかから出てきた人民行動党のスローガンが、「生存のための政治」であり、人民行動党はあらゆる権限を政府に集中する政治体制を創り上げていく。

政府対抗集団の管理

人民行動党は、独立後のシンガポールに必要なことは、経済活動を通じて生存をはかることであり、政府が決めたことを国民が一糸乱れず実行する体制が不可欠であると唱えた。人民行動党にとり好都合だったのは、最大のライバル集団の社会主義戦線が、人民行動党とマレーシア政府の弾圧と内紛により、もはや実質的な政治力を喪失していたことであった。さらに、分離後は、議会ではなく街頭闘争に戦術転換して、残っていた国会議員全員が辞職していたことである。

辞職後の補欠選挙で人民行動党はすべて勝利し、国会には野党議員がいなくなっていた。そのため、人民行動党の一党支配体制の構築は、社会主義戦線を背後で支えていた、華人労働者（労働組合）、華語学校生（学生運動）、華人企業家（企業家団体）、華字新聞（マスメディア）などを、管理すればよかった。

最初に手を打ったのが労働組合への対策だった。実は、労働組合に対する管理は、すでに一九六〇年代前半に始まっていた。その手法は、共産系グループの労働組合を強制的に解散させ、替わりに政府主導で全国労働組合評議会（NTUC）を創り、残った組合を加盟させるというもので、全国労働組合評議会書記長には人民行動党の有力指導者が任命されていた。

労働組合の政治ストライキは、共産系グループが勢力を誇った一九六〇年代前半に頻発し、社会主義戦線が人民行動党から分離した六一年の発生件数は一六一件にも上った。これに対して、人民行動党は一九六八年に労働組合法を改正して、新たに創設した労働仲裁裁判所がストライキの妥当性の是非の判断を下すまでストライキに入ることを禁止した。これ以降、実質的に政府公認以外のストライキは不可能になり、ストライキ件数は激減する。

次に華語学校の学生運動に対しては、マレーシア時代の一九六四年八月に中央政府が導入した、マレーシア（とシンガポール）の大学に入学を希望する者は、マレーシアの安全を損なう者（たとえば共産主義者）ではないとの証明を、政府から取得することを義務付けた「適正証明書制度」が利用された。マレーシア政府がこの制度を導入すると、そのターゲットとされた南洋大学だけでなく、政治的には穏健なシンガポール大学からも抗議の声が上がったが、分離独立後、人民行動党はこれを使って共産主義者、そのシンパとみなされた者を、南洋大学やシンガポール大学から排除して、学生の非政治化を達成する。

さらに華人企業家に対しては、すでに一九六三年の州議会選挙の際に、社会主義戦線候補者に資金援助をしたとの理由で、有力華人企業家タン・ラークサイの市民権（国籍）を剝奪し、分離後も、これを見せしめに華人企業家の政治関与を厳しく制限していった。

そして、華字新聞に対しては一九七一年に、華語教育の衰退を懸念し、政府の英語化政策を非難する記事を掲載した『南洋商報』の編集者三人を、共産主義思想を宣伝し、華人ショービニズムを煽《あお》ったとして国内治安法で逮捕した。これ以外にも、英字新聞二紙を、外国（香港）の共産主義者から資金援助を得たなどの理由で廃刊に追い込んだ。

これら一連の抑圧や管理により、人民行動党の批判勢力や対抗勢力が政治の舞台から消えるか非政治化されて、一党支配体制が完成していくのである。

マスメディアの管理

反政府勢力が消滅した後も、人民行動党の社会管理は、国民の政治的見方に強い影響力を持つマスメディアに対して集中的に行われた。これは少し時間を遡って説明する必要がある。

人民行動党政権が誕生した一九五九年当時、有力新聞は英字紙の『ストレーツ・タイムス』、華字紙の『南洋商報』と『星州日報』の三紙であった。『ストレーツ・タイムス』の所有者は保守系イギリス人、華字紙の所有者は有力華人企業家一族で、これらの新聞は人民行動党に批判的論調を採っていた。そのため人民行動党は新聞管理に乗り出す。

まず、『ストレーツ・タイムス』紙に、新聞発行認可の見直しを示唆するなどの圧力をかけて、一九六五年に親人民行動党の経営者と入れ替える。一九七一年には先にみたように、政府の言語政策を、英語教育重視であると批判した新聞の取り締まりや廃刊処分を行った。これら一連の措置で主要新聞から反人民行動党の論調が消えたが、新聞管理はこれで終わりではなかった。

一九七七年に「新聞・印刷紙法」を改正し、個人が新聞社株式の三％以上を持つことを禁じて、華字新聞を華人企業家一族の手から奪い、さらに新聞管理の総仕上げとして、シンガポールで刊行されるすべての新聞を一つの持株会社傘下に統合したのである。

一九八二年に二つの華字紙を統合し、八四年には政府主導でシンガポール・プレス・ホールディングス社を設立して、すべての新聞を同社の所有・支配下に置き、同社の経営責任者には人民行動党のベテラン政治家が任命された。テレビも、現在は一九九九年に設立されたメディアコープ社の独占支配下にあるが、同社を一〇〇％保有するのが、政府系企業の持株会社テマセク・ホールディングス社である（テマセクはシンガポールの古称）。

人民行動党のマスメディア管理は外国メディアにも及んだ。一九八六年に政府は、シンガポールの内政に干渉したと政府が判断した外国雑誌や新聞の販売部数を制限できる法律を制定し、アメリカの『タイム』誌が、政府の野党管理を批判的に報道したとの理由で、シンガポール国内での販売部数を一万八〇〇〇部から二〇〇〇部に制限される。これ以外にも、香港発行の『ファー・イースタン・エコノミック・レビュー』誌やイギリスの『エコノミスト』誌などが規制対象となった。

なぜ、人民行動党は、国内外マスメディアの政府批判を厳しく取り締まったのだろうか。その理由は、独特のマスメディア観にある。人民行動党は、開発途上国におけるマスメディアの役割は、政府と違った意見や見方を国民に伝えるのではなく、政府の方針や政策を国民に伝えるのが任務であると考えているからである。これ以外にも、のちにみるように、シンガポールの経済開発は外資依存型で進められたが、外国企業を誘致するには、シンガポール政府が公平で効率的であるという国際社会のイメージが大切だと考え、それを損なう言動を容認しないことにある。

南洋大学の興亡

人民行動党の一党支配体制の構築は、見方を変えると、英語教育エリートによる華人社会の政治管理と非政治化でもある。それを象徴するのが南洋大学をめぐる人民行動党の動きである。

イギリス植民地時代の大学は、一九〇五年に設立された英語教育のシンガポール大学だけで、子どもに華語の大学教育を受けさせたい親は中国の大学に送っていた。しかし、中国に社会主義国家が誕生して中国との往来が禁止され、それができなくなると、華人住民の間で、中国語や中国文化を教える教員の養成などのために、華語教育大学がシンガポールに欲しいという声が高まる。

在りし日の南洋大学，1965年

南洋大学は有力企業家から街の貧しい労働者まで、無数の華人の寄付で一九五五年に開校された、文学部・商学部・理学部からなる東南アジアで唯一の華語教育大学である。シンガポール島西部のジュロンの広大なキャンパスは、企業家タン・ラークサイの寄付によるものであった。南洋大学が開校すると、シンガポールとマレーシア、それにインドネシアからも学生が集まり、南洋大学は中国以外の地における華語教育の最高学府となった。

しかし、南洋大学は、英語教育グループと共産系グループの政争が始まると、それに巻き込まれていく。一九六三年九月の州議会選挙における社会主義戦線の候補者に、労働組合指導者や華字新聞関係者などとともに、南洋大学教員や卒業生が名前を連ねたことから、人民行動党に共産系グループの政治拠点として眼をつけられ、選挙後、南洋大学の学生運動家など二〇人が逮捕された。同様の逮捕事件は翌一九六四年にも起こり、南洋大学は徹底的な政治弾圧を受ける。

また、南洋大学の誕生は華人住民から大歓迎されたが、イギリス植民地政府やマレーシア政府は反対の姿勢を採ったことから、南洋大学が正式の大学として認可されたのは、マレーシアから分離後の一九六八年のことであった。

さらには、大学卒業後の就職事情も南洋大学に不利に作用した。シンガポールに欧米諸国の外国企業が大挙進出して英語社会化が強まると、英語教育のシンガポール大学卒業生に比べて、南洋大学卒業生は就職が難しいだけでなく、たとえ就職できても、給料が低い問題が発生した。この結果、南洋大学の社会的評価が低下していく。

適正証明書制度などで南洋大学生が非政治化され、就職などの面で南洋大学の社会的地盤が低下すると、すでに一九六五年から、政府の圧力により授業の半分が英語で行われていたが、七五年には中国語学科を除いて授業はすべて英語で行われることになった。そして、一九八〇年に、シンガポール大学と合併してシンガポール国立大学となって南洋大学は消滅することになる。キャンパス跡地には、翌一九八一年に南洋大学とは無関係の南洋工科大学が新設されている。

シンガポール社会の中国性を象徴する言葉は、「華」と「南洋」であるが、「華」は、三大華人銀行の華僑銀行、大華銀行、華連銀行として使われ、「南洋」は、南洋大学や南洋女子中学としてあった。だが、シンガポールの英語社会化の波に飲み込まれるなか、中国性を象徴する「南洋」を冠した南洋大学はわずか二五年ほどで幕を閉じたのである。このように、中国的なものはシンガポール社会の表面から徐々に消える運命を辿っていく。

シンガポールの政治制度

ここから少しシンガポールの政治制度をみていこう。シンガポールがイギリスから独立したのは一九六三年、それにマレーシアから分離したのは六五年だが、現在の政治制度の基本は、五九年にイギリス連邦内自治州となった際にでき上がったものであった。

統治制度は、イギリスの影響もあり議院内閣制が採用され、首相が最高指導者である。首相を補佐するのが副首相で、リー・クアンユー時代は一人だけだったが、次のゴー時代とリー・シェンロン時代になると副首相が二人体制となった。一九五九年に自治州となった際に、大統領制も導入され（任期六年）、国会で選出されることとされた。ただ、大統領は対外的に国を代表する象徴的存在で、政治の実権はほとんどない。

議会制は小さな国であることから、一院制（任期五年）である。議員定数は、一九五九年には五一人だったが、人口増加にあわせてほぼ毎回の選挙ごとに議員数が増え、二〇一二年現在、八七人である。選挙制度は、当初は完全小選挙区制だったが、のちにみるが一九八八年に集団選挙区制が導入され、二〇一三年現在、集団選挙区と小選挙区の併用制だが、大半の議員が集団選挙区から選出されている。

政党は、「団体法」によって登録する義務があり、現在、登録政党は人民行動党など二〇を超えている。しかし、大半は登録しただけの「幽霊政党」で、毎回の選挙に参加するのは五、六政党にすぎない。また、単独で国会定員の過半数の候補者を擁立できる野党はなく、野党全体を合わせても国会定員を超えることはない。

被選挙権は、二一歳以上の国民に与えられており、立候補について、これ以外の制限はない。選挙権は二一歳以上の国民が持つが、普通選挙権は一九五九年に導入されたもので、併せて投票義務制も導入された。そのため、病気や外国旅行などの正当な理由なく、投票を怠った国民は次回以降の選挙権を失うなど、社会的な不利益を被る（ただし、一〇シンガポールドルを支払えば選挙権を回復できる）。これもあり毎回の投票率は、九八％前後と高い。

人民行動党の国会独占

分離独立から三年後の一九六八年四月一三日に、最初の総選挙が実施された。結果は人民行動党の完勝であり、国会五八議席のうち五一議席を無投票で獲得し、選挙が実施された七議席も八四・四％の高得票率で全員当選して、国会全議席を独占した。

人民行動党の国会議席の独占は、一九七二年九月総選挙（定数六五人、得票率六九・〇%）、七六年一二月総選挙（定数六九人、得票率七二・四%）、八〇年一二月総選挙（定数七五人、得票率七五・六%）でも続いた。また無投票当選は、一九六八年に五一議席、七二年に八議席、七六年に一六議席、八〇年には三七議席にも上った。

野党がようやく議席を獲得したのは、一九八一年の補欠選挙による一議席である。一九八四年一二月総選挙でも人民行動党は、七九議席中七七議席（得票率六二・九%、無投票当選が三〇議席）を獲得し、野党はわずか二議席を獲得したに過ぎなかった。ただし、人民行動党は野党の二議席獲得を問題視して、この後で、選挙制度の改革に乗り出すことになる。

話を戻す。一九八〇年までの選挙結果は、シンガポール政治から人民行動党の対抗勢力が消えたことを語るものであり、形式的ながらも、自由選挙が行われた国で、一つの政党が四回の選挙で全議席を独占し続けたのは、世界でも異例である。ほぼ四年ごとに定期的に行われた選挙は、国民がどの政党に政権を委ねるのかの選択ではなく、人民行動党に対する信任投票の意味合いが強かったのである。

人民行動党の政治独占の一因は、同党が実行力を持ち、これからみるように経済開発を強力に推進したことにあるが、それ以外にも野党や政府批判派の抑圧、選挙に負けない制度の構築などがあった。

野党の抑圧

リー・クアンユー時代に、野党や政府批判勢力がまったく存在しなかったわけではない。一九八一年の国会補欠選挙で当選し、分離独立後初めて人民行動党の国会独占を破った労働者党書記長ジェヤレトナムは、インド人の弁護士で、政府批判派のシンボルとなっていく。ジェヤレトナムは一九八四年総選挙でも当選し、国会の場でリー首相の統治スタイルや人民行動党の政策を厳しく批判して、国民の関心を集めた。そのため、人民行動党はジェヤレトナムの排除に動く。

ジェヤレトナム

一九八四年総選挙の当選後に、ジェヤレトナムは労働者党資金の不正使用の容疑で起訴される。一審は無罪だったが、二審で罰金の有罪判決を受けた。一九八六年にジェヤレトナムが国会の場で、自分に無罪判決を下した裁判官を、判決直後に人事異動で別の部署に配転したのは行政の司法に対する介入であると批判すると、人民行動党は、確たる証拠もなしに非難するジェヤレトナムは、国会議員として不適切な言動を採ったと非難した。しかし、現行法には処罰規定がなかったため、ただちに国会法を改正し、国会で不適切な言動を行った者は、国会議員資格を失うという条項が新たに設けられ、それを遡って適用して、ジェヤレトナムの国会議席を剝奪したのである。

ジェヤレトナムは、ゴー時代になると復権するが、裁判で下された罰金や賠償金を支払えなかったため、二〇〇一年に破産宣告を受け、選挙の立候補資格を失った。政府を厳しく追及する野党政治家に対して名誉棄損や不正行為を理由に訴訟を起こし、有罪判決により合法的に排除するのは、弁護士政治家リーの得意とする手法だった。

一九八七年のマルクス主義者陰謀事件

人民行動党は、政府批判を行う市民社会運動にも容赦しなかった。一九八〇年代になると、一部の英語教育知識人を中心に、民主化や自由化を求める運動、外国人労働者などシンガポール社会の弱者を支援する運動が登場し、これらの運動は政府批判の色彩を持っていく。これを潜在的な政治的脅威に感じた政府は管理に踏み切るが、その代表的事例が、一九八七年五月と六月の市民運動家二二人の国内治安法による逮捕・投獄である。同法は、政府が治安上問題ありとみなした人物を逮捕令状なしに逮捕し、しかもほぼ無期限に拘束できる強力な法律である。

逮捕者は、ほぼ全員が英語の大学教育を受けた弁護士や企業家や会社員などからなる、カトリック教会活動家や劇団運動家や野党を支持する活動家だった。政府は逮捕理由を、彼らは共産主義者であり、民主的に選出された政府を転覆して共産主義国家の樹立を試みたと発表した。

これに対して、逮捕者の一部は、自分たちは自由化や社会的弱者を支援する市民社会運動を行ったに過ぎないと主張し、国際社会からも、逮捕は政治的自由の抑圧であるとの批判が起こる。逮捕者はその後、容疑を認め、今後は、治安当局の同意なしには一切政治活動をしないとの誓約書に署名し、主犯格を除いて一九八七年末に全員が釈放された。

しかし、翌一九八八年四月に、釈放された一部の人々が自白は強制されたものであり、拘留中に乱暴を受けたとの声明を発表すると、八人が再逮捕された。再逮捕者は、拘留所での単調な生活、家族や友人の心配、いつ釈放されるか政府次第であるなど不安な心理状態に置かれると、最後には、前回と同様の誓約書に署名して、一九九〇年六月に釈放されるという経緯を辿った。

だが、こうしたいわば政治犯のなかには頑として政府が主張する容疑を認めない者もいた。南洋大学物理学講師のチア・タイポーは、一九六三年州議会選挙に社会主義戦線から出馬して当選した経験を持つが、六六年に共産主義運動に関与したとの容疑で国内治安法により逮補・拘留された。チアは容疑を認めなかったため、裁判なしに長期間拘留され、シンガポール政府による政治的自由の抑圧のシンボルとして世界的な注目を浴びた。逮捕から二三年後の一九八九年に政府は、もはや治安上の脅威ではなくなったとして、セントサ島での居住制限付条件でチアを釈放し、九二年には居住制限も解除した。

三六歳のときに拘束され五九歳でようやく自由の身になったチアは、博士課程の勉学のためにオランダに旅立ったが、政治犯が釈放後に外国留学に旅立つのも、リー時代の政府批判派の人々の行動パターンの一つであった。

集団選挙区制度

人民行動党の国会独占には、同党に有利なかたちでの選挙制度改革も大いに寄与している。一九八四年総選挙で野党がそれまでの一議席から二議席に増え、人民行動党の得票率が七〇％台から六三％に落ち込むと、危機意識を感じた人民行動党はいくつか選挙制度を改革した。

しかし、そもそも野党が国会の七九議席のうち、わずか二議席を獲得しただけなのに、なぜ人民行動党は危機感を持ったのだろうか。その理由は、リー・クアンユーの理想とする国会形態が、野党のゼロ議席だからである。リーや人民行動党は、シンガポールは「民主主義国家」であると唱えており、そのために選挙をするが、それは民主主義国家としての形式を満たすためのものであり、実際には、政府の政策運営を批判する野党は国会に不要と考えていたからであった。

一九八八年に行われた選挙制度の改革はいくつかあった。野党の当選者が三人以下だった場合、落選した野党候補者のうち惜敗率の高い順番に最大三人まで国会議員に任命する「野党任命国会議員」（たとえば野党当選者が二人だった場合は一人、現在は六人）、および、政府に批判的でも有能な人材を最大六人まで（現在は一〇人）、国会議員に任命する「政府任命国会議員」がそうである。この二つのタイプの議員は、選挙で選ばれた議員に比べると権限が制限されているが、政府が導入した目的は、これにより国民に、政府をチェックする議員が国会に確保されたと思い込ませ、人民行動党への投票を促すことにある。

そして、野党の排除を目的にした選挙制度改革が、それまでの小選挙区制と併用して導入された集団選挙区制である。具体的には、三つの小選挙区を合体して、定員三人の集団選挙区（GRC）とするもので、同選挙区に立候補する政党は三人セットで立候補し、より多くの得票を得た政党が三人セットで当選する、三人のうち最低一人はマレー人かインド人でなければならないというものであった。

政府はその理由を、少数民族を国会の場に確保するためと説明したが、集団選挙区の真の狙いが、民族別に分かれていた野党の立候補と当選を困難にすることにあったのは明白であった。たとえば、華人政党はマレー人やインド人の有力候補者を探すことが難しかったからである。

他方では、集団選挙区は人民行動党に有利に作用した。人民行動党は、世代交代を目的に毎回の選挙でベテラン政治家を引退させ、大量の新人候補者を擁立していたが、新人候補者全員が、知名度が高いわけではない。そのような新人候補者でも、たとえば、リー首相など有力閣僚と同じ集団選挙区で立候補すれば、当選がほぼ保証されるからである。

集団選挙区の導入により、シンガポールの選挙制度は小選挙区との併用制になり、当初、集団選挙区は、チーム人数は三人、一三選挙区（国会定員八一人のうち三九人）だったが、その後、ゴー時代にチーム人数は五人や六人に増え、リー・シェンロン時代の二〇〇六年選挙では、小選挙区選出はわずか九人だけとなり、残り全員が集団選挙区選出になった。

新選挙区制度の効果はどうだったのだろうか。集団選挙区導入後の最初の選挙となった一九八八年九月総選挙で、人民行動党は八一議席中八〇議席（得票率六一・八％、無投票当選が一一議席）を獲得し、野党は前回の二人当選から一人へと減り、狙いどおりの結果となった。しかも、人民行動党の得票率が前回の六二・九％から六一・八％とわずかだが落ち込んだにもかかわらずである。集団選挙区の効用は大きかったのである。

人民行動党という「手段」

現代シンガポールがリー・クアンユーの創造物だとすると、人民行動党はリーがシンガポールを統治・運営する「手段」に相当するものであった。シンガポール政治を独占する人民行動党の基本的性格や特徴はどのようなものだろうか。

世界の国々の主要政党と比べた場合、大きな特徴の一つは、自由主義や民主主義や共産主義など、一切の政治イデオロギーや政治理念を持たないこと、その替わりに現実的で政策立案・実行能力などのプラグマティズムの原理に徹していることである（このプラグマティズムについては終章で詳しくみる)。あえて言えば、プラグマティズムが人民行動党のイデオロギーになる。

共産系グループとの共闘だった当初は、党の大衆基盤の華人労働者に配慮して社会主義を掲げ、大衆政党であることを標榜《ひょうぼう》していた。だが、共産系グループの分裂後はエリート政党に転換する。社会主義の看板も、一九七六年に、それまで加盟していた社会主義インターから、反労働者的政策を理由に除名されそうになると、自ら脱退して降ろした。

人民行動党の組織は、十数人からなる中央執行委員会が最高決定機関で、その下に全選挙区に選挙区支部委員会が設置され、選挙区選出国会議員が責任者を務めている。特異なのは、選挙の際に重要な役割を果たすのが、選挙区支部委員会ではなく、各選挙区に創られた、政府の地域社会振興省傘下の市民評議会や住民委員会などの政府地域機関であることだ。これらの地域機関委員が人民行動党候補者の手足となって選挙キャンペーンを支えている。すなわち、すべての選挙区で人民行動党国会議員をリーダーに、政府地域機関の市民評議会、住民委員会、コミュニティ・センター運営委員会、それに人民行動党支部委員会と、人民行動党と政府機関が一体になった仕組みが創られており、これが選挙における人民行動党の強力なマシーンなのである。

人民行動党の国会議員は、結成当初は、労働組合指導者や党活動家の出身者が多かったが、分離独立後は、官僚、大学教員、専門家がそれにとって替わった。党員は誰でも国会議員候補者に名乗りを上げられるのではなく、中央執行委員会が党員や非党員のなかから、政治家としての素質があると見込んだ人物に声をかけ、何段階もの選考過程を経て選ばれる。

後でみるように、シンガポールでは、優秀な学業成績を収めた高校卒業生に国家奨学金を与えて欧米の有名大学に留学させ、帰国後は官僚にする仕組みを創り上げてきた。現在は、官僚が人民行動党国会議員の最大の供給源である。シンガポールの政治エリート・コースは、国家奨学金―海外一流大学―官僚―人民行動党国会議員―大臣―首相というものだが、これはリー・クアンユーが後継者育成と選抜のために創り上げた仕組みであり、次章以降でみる第二代首相ゴー・チョクトン、第三代の現首相リー・シェンロンは、ともにこのコースを辿って首相になっている。

2　国防体制の構築——孤立回避

国防体制の構築——イスラエル・モデル

シンガポールの生存には、国防体制や地域諸国との共存体制の構築など、地域関係のあり方がきわめて重要だが、この点で、独立したときの地域環境は最悪な状態だったことはすでに述べた。一九六六年二月には、シンガポールの安全保障を支え、国内総生産の二〇％ほど、雇用の一〇%ほどを占めていた駐イギリス軍が、七二年末までに撤退することが発表された。危機状況のなかで、シンガポールはどのような安全保障体制を構築したのだろうか。

シンガポールの生存には、何よりも、それまでイギリスやマレーシアに依存していた安全保障を自らの手で行う必要があった。一九六五年一一月に国防省が創設され、リーの片腕のゴー・ケンスィーが財務相から国防相に転任して任務にあたったが、この人事は、リーがいかに国防体制の構築を重視したかを語っている。

政府予算も重点的に配分され、毎年の国家予算に占める国防費の比率は、マレーシア加入前の一九六二年は一二%だったが、イギリス軍が撤退を開始した六九年には二八%と大幅に増え、その後も毎年二〇~二五%を占めた。これにより陸軍、海軍、空軍などのハードの装備は、マレーシアに何とか対抗できるものができ上がる。

また、イギリス駐留軍はシンガポールから撤退したが、イギリスがシンガポールの安全保障を放棄したわけではなかった。一九七一年に、旧植民地のシンガポールとマレーシア、それにイギリス、オーストラリア、ニュージーランドで「五ヵ国防衛協定」を締結し、シンガポールとマレーシアの安全保障が脅かされた際には、締結国が協議することにしたのである。

ハードの国防体制の構築と並んで、シンガポールをどういう考えの下で防衛するかというソフトの問題も重要であった。シンガポールの安全保障の基本構図は、華人国家が北と南をイスラーム国家にサンドイッチされた状態にある。シンガポールは、同じような関係構図に置かれた世界の国々を検討して、アラブ国家に囲まれたイスラエルがシンガポールの状況に最も近いという結論を得た。そのため、イスラエルをモデルに国防体制を構築することにし、同国の軍事専門家を農業専門家の名目で招聘《しょうへい》して、国防顧問にしたのである。

また、ヨーロッパの小国スイスが自国を守るために国民総武装していることに倣い、一九六七年三月に、「ナショナル・サービス」と呼ばれる国民徴兵制を導入した。これは、一八歳以上の男子国民全員に、服務内容により二年～二年半の期間、軍事訓練を受けさせ、その後も五〇歳まで予備役に編入して、毎年最長で四〇日間、軍事訓練に参加することを義務付けたものである。

訓練はシンガポール国内で行われるが、国土が狭いので、台湾やオーストラリアなどの「友好国」でも行われている。さらに、政府は、近代以降の戦争は単に軍隊同士が戦うだけでなく、民間人の力も必要であるとの認識から、国民全員で国を守る「トータル・ディフェンス」のスローガンを掲げ、一般国民にも国防意識を持つことを促したのである。

二つの隣国との共存関係

シンガポールの生存と安全保障にとり、最も重要なのがマレーシアとインドネシアとの関係である。シンガポールは水をマレーシアに依存し、インドネシアからは国土拡張のための埋め立て用の砂を購入するなど、両国は不可欠の存在だが、同時に、両国が安全保障の「仮

想敵国」だからである。ある意味で、マレーシアとインドネシアは、シンガポールの生殺与奪権を握っているのである

マレーシアとの分離は、形式上は円満に行われたが、実際はさまざまな分野で軋轢の連続であった。分離直後の時代から現在までのいくつかを列挙すると、シンガポール通貨とマレーシア通貨の分離問題、シンガポール空軍が訓練のためにマレーシア領空を通過する問題、シンガポール国内を走るマレーシア鉄道の乗客の出国・入国駅問題、シンガポールの東沖合に位置するペドラ・ブランカ島の領有問題、そして何よりも水問題（第6章であらためてみる）、などである。これらの問題は、地理的に離れた国や、歴史過程がさほど緊密でない国同士では発生することはないが、シンガポールとマレーシアが地理的歴史的に緊密であるがゆえに発生したものが多いし、その背後には分離の際の感情的なもつれもあった。

シンガポールのマレーシアに対する基本戦略は、民族の違いを克服することは不可能なので、それが原因で軋轢や紛争が発生することがないように、両国の指導者間に信頼関係を構築することだった。リー・クアンユーとマレーシアの指導者の間で、しばしば感情的な齟齬《そご》が生じたことはあったが、信頼関係が醸成されてきたため大規模な衝突にいたることはなかった。

マレーシアとのバランスの観点から重視されたのがインドネシアである。インドネシアはシンガポールにとり二つの点で重要であった。一つは、マレーシアが水の供給を停止した場

合、その代替国となるべき国であること、もう一つは、シンガポールとマレーシアの二国間関係では、華人とマレー人の民族感情が重くのしかかるが、インドネシアが加わった三ヵ国関係になると、インドネシアの主な関心が、東南アジアの安全保障や経済開発などにあったため、マレーシアとの民族対立図式を相対的に弱めることができたことである。

シンガポールはマレーシアに対しては不当な主張や要求とみなした問題は、どんなに細かい点でも逐一反発・反論したが、同じような問題をインドネシアが提起しても、それを甘受する低姿勢のスタンスを採った。これには、東南アジアの地域大国のインドネシアの意向を無視することはできないという判断もあった。

リー時代の三ヵ国の関係は、それぞれリー、マハティール、スハルトという個性の強い指導者が君臨し、三ヵ国ともに開発が国家目標になったことから、指導者の間では共存意識が共有されていた。この関係は、各国の目標が徐々に変わり、それぞれ指導者も替わったものの、その後のゴー時代やリー・シェンロン時代にも維持されている。

安全保障を委ねるアメリカ

シンガポールは国を守るために軍を創設したが、単独で外国（たとえばマレーシアやインドネシア）との戦争に勝利することはむろん、長期間持ちこたえることすら、その国家規模から不可能であった。そのため、重要なことは、最悪の事態にいたらないように地域諸国との友好関係の維持に努めること、万一の場合に備えて、シンガポールの安全保障の後ろ盾となる大国を確保することであった。その対象は、太平洋のはるか彼方のアメリカである。では、なぜアメリカなのか、これはある意味で消去法によるものだった。

シンガポールと関わりのある大国のうち、旧植民地宗主国のイギリスは、歴史関係は深いが、遠いヨーロッパに位置する。駐アジア軍を撤退したことが語るように、シンガポールが危機に陥った際に支援するだけの軍事力を持っていない。中国とは民族関係は深いが政治体制は違い、またシンガポールの安全保障を中国に依存したならば、インドネシアなどの反発を招くのは必至であり、これは自殺行為に等しい。アジアの経済大国日本も軍事力はなく、また第二次世界大戦でシンガポールを占領して苦しめた国であり、自ら悪夢の再現を招く行為でしかない。

これらの国と比べると、アメリカはシンガポールとの関係は薄いし、地理的にも遠いが、現代世界の最大の軍事大国であり、アジアの秩序や国際関係に関心を持ち、既存の秩序を維持する能力を持っている。それだけでなく、次章でみるように、アメリカ企業はシンガポールに大規模な投資をしており、シンガポールの安全保障にも利害関係がある。かくして、アメリカが選ばれたわけだが、アメリカと安全保障条約などを締結したわけではない。

一九九〇年にアメリカ軍が、アジア最大の軍事基地が置かれたフィリピンから撤退すると、九二年にシンガポールはアメリカ軍がシンガポールの港湾を利用することを申し出、九八年には、アメリカの空母や戦艦がシンガポール海軍基地に寄港することを認めた。これらは、シンガポールにおけるアメリカ軍のプレゼンスを維持する目的で行われたのである。

ASEAN重視

とはいえ、アメリカ依存はシンガポールの最後の保険である。シンガポールの立場からすると、最も望ましいのは、東南アジア諸国の間で安定的な地域関係を創出して、シンガポールの安全保障と生存が保障されることである。

この点で、ASEANはそのための格好の組織とみなされた。ASEANは、当初は東南アジア反共五ヵ国の、いわば軍事同盟として出発したが、一九七六年のベトナム統一後は、地域諸国の経済開発のための協力機構、それに地域安定のための地域組織へと転換した。もし、ASEANを通じて加盟国の信頼と結束が深まり、東南アジアの安定が確保されたならば、マレーシアやインドネシアも加盟国であり、両国との信頼関係が深まることも期待できる。シンガポールはASEANの忠実な一員として振る舞い、他の加盟国に認めてもらう努力をしていく。

その象徴が中国との国交問題である。一九四九年に中国に社会主義国家が誕生すると、反共の東南アジア諸国は、中国が共産主義運動を輸出することを恐れて国交を断絶したが、アメリカが一九七〇年代に、中国封じ込め政策から転換して共存政策を打ち出すと、中国との外交関係の改善に動いた。最初に国交を回復したのがマレーシアで、シンガポールも中国との国交樹立に何の支障もなかったが、東南アジアの一員であることを示すメッセージとして、国交樹立は他の東南アジア諸国が終えた後で、最後に行うとした。実際に、インドネシアがシンガポール以外のASEAN加盟国として、一九九〇年六月に中国と国交を樹立すると、シンガポールは同年九月に国交を樹立する。ただ、正式な国交を結ぶ前に、中国の通商事務所がシンガポールに設置されるなど、実質的な経済関係はそれ以前に始まっていたが。

シンガポールの安全保障と地域関係の戦略は、まず自助努力により国防体制を築く、次いで、マレーシアとインドネシアとの共存関係の構築に努力する、その後、ASEANを活用して地域諸国との間で協調と信頼関係を築く、そして、最後に安全パイとしてアメリカに依存するという、四段構えからなっている。国内であれ国外であれ、利用できる資源（国や組織）は活用する、これもまた小国の生き残りのための知恵なのである。

3　開発主義国家——特異な教育制度と管理システム

開発戦略

人民行動党が、生き残りのために知恵とエネルギーを最も注いだものが経済発展である。

ある国の経済が、外国依存構造にあることを示す指標の一つが、貿易総額を国内総生産額で除した数値の貿易依存度であるが、二〇〇〇年の場合、「貿易立国」と自ら呼ぶ日本は八・四％なのに対し、シンガポールは一四四％とはるかに高い。シンガポールの外国依存度は日本とは比べものにならないが、これに加えて、シンガポールは日本よりも不利な立場に置かれている。国土が小さく天然資源が皆無なこと、製造業の有力国内企業がないことである。この不利な条件のなかで、人民行動党はどのような開発を進めたのだろうか。

一九六五年にマレーシアから分離して、マレーシア市場を失い、外国工業製品の輸入を抑制する輸入代替型が破綻すると、新たに打ち出された戦略が、世界市場に工業製品を輸出する輸出志向型である。

この新戦略の下で、あらゆる分野で政府が先頭に立つ国家主導型、それに、日本や欧米先進国の企業に頼る外資依存型が採用される。その際に、外国企業は規律ある労働力など好ましい投資環境の国を選ぶことから、政治社会を安定させて、投資環境を整えることが不可欠と考えられた。人民行動党が、野党や政府批判勢力を管理して政治社会の安定に務めたのはこの論理のためであり、政治は経済発展の手段とみなされたのである。

政府開発機関の体系的な整備

人民行動党が最初に着手したのが、政府開発機関の整備である。すでに、一九六〇年代初めに経済開発庁や住宅開発庁などが創られたが、分離独立後、これらの開発機関が体系的に整備され、とりわけ一九六八年に集中的に行われた。表1は、それを示したものである。開発行政、貿易、金融・通貨、住宅、労働・賃金、企業振興と、経済社会開発に関わる政府機関が、ほぼすべての分野にわたって整備された。

このうち、外国企業誘致との関連で注目されるのは、それまで政府の経済開発関連業務を一手に担っていた経済開発庁（EDB）の再編である。すなわち、同庁を投資誘致の任務に特化する機関とし、この任務のために、たとえば、日本に留学した職員を、日本企業の誘致担当者に据えた。そして、新たにジュロン開発公社（JTC）を設立して、外国企業向けの工業団地の建設・整備を行う機関とし、既存のジュロン工業団地の拡充や、シンガポール各地の公共住宅団地内に工業団地を併設するなどの新設を行った。

外国企業の進出を促し、かつ活動しやすい法的環境の整備も行われた。一九六七年に、外国投資を奨励するさまざまなインセンティブを盛り込んだ「経済拡大奨励法」を制定し、六八年には、外国企業に有利な内容の「雇用法」と「労働関係修正法」を制定して、労働組合の活動を抑制した。そして、一九七二年には、低賃金労働力を目当てに進出する労働集約型外国企業のために、実質的に政府が労働者の賃金を決める権限を持った全国賃金評議会（NWC）を設立した。同評議会の活動内容については、この後でみる。

表１　政府開発機関の再編・新設

領域	1968年以前	1968年以後	設立年	組織形態	業務
開発行政	経済開発庁		1961	準政府機関	投資誘致
		ジュロン開発公社	1968	準政府機関	工業団地
		国家生産性庁	1972	準政府機関	生産性
		工業・産業振興庁	1968	準政府機関	工業支援
		シンガポール標準技術研究所	1973	準政府機関	産業技術
		シンガポール経営学院	1974	民間企業	経営
		職業訓練庁	1968	準政府機関	職業訓練
貿易		貿易振興庁	1984	準政府機関	貿易支援
		イントラコ社	1968	政府系企業	貿易会社
金融・通貨		シンガポール開発銀行	1968	政府系企業	銀行
		シンガポール金融庁	1971	準政府機関	金融
		郵便貯金局銀行	1972	準政府機関	銀行
	中央積立基金		1955	準政府機関	年金
	通貨委員会		1967	準政府機関	通貨
		アジア・ダラー市場	1968		国際金融
住宅	住宅開発庁		1960	準政府機関	住宅
労働・賃金	労働３法	雇用法	1968		労働
	労働関係法	労働関係修正法	1968		労働組合
		全国賃金評議会	1972		賃金
企業振興	創始産業法	経済拡大奨励法	1967		投資奨励
	工業拡大法				

出所：筆者作成

特異な教育制度

シンガポールの経済開発の成否は、これらの政府開発機関で開発政策を立案・実行する有能な開発官僚の育成と確保にかかっているといっても過言ではなかった。そのために人民行動党は、特異とも言える開発官僚の調達の仕組みを作り上げる。それをみるためには、シンガポールの教育制度をみる必要がある。

シンガポールの基本的な教育制度は、小学校（六年）、中学（四年）、高校（ジュニア・カレッジ、二年）、大学（四年）からなり、小学校と中学校が義務教育である。これ以外にも、技術専門学校、「ポリテク」と呼ばれる高等技術専門学校、教員を養成する国立教育学院などがある。図1は、それを示したものである。特異なのは、教育制度の主眼が、成績優秀な生徒と出来の悪い生徒を選別して能力別のコース分けを行い、優秀な生徒にエリート教育を施して官僚にすることに置かれていることである。

そのための選別試験は小学校段階から始まる。すべての生徒は小学校四年終了時に、全国統一試験を受け、成績にしたがって五年と六年時は三つのコースに分かれる。小学校終了時には、これも全国統一試験の小学校卒業試験（PSLE）があり、一定の成績に達しなかった生徒は、技術専門学校に進んだ後で就職するしかない。

中学校も、小学校卒業試験の成績により、特別コース、快速コース、普通コースの三つに分かれ、前者二つのコースの生徒（中学生の六〇％ほど）が卒業時にGCE〝O〟レベル、

図1　シンガポールの教育制度

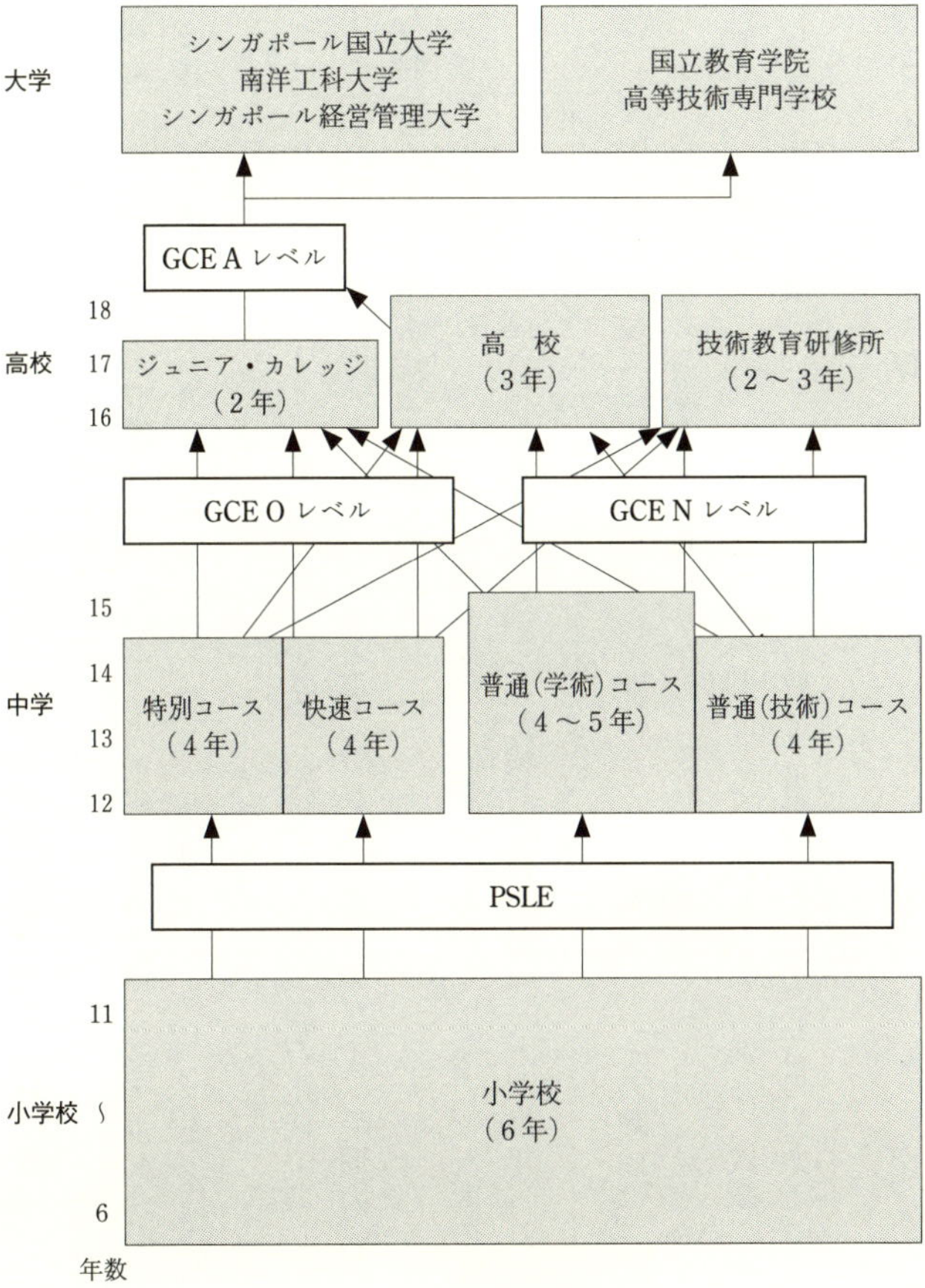

出所：筆者作成

普通コースの生徒がGCE〝N〟レベルと呼ばれる中学卒業試験を受け、普通コースの卒業試験の成績が悪い生徒は、高校進学の道が閉ざされる。

高校も、中学卒業試験の成績により、エリート・コースのジュニア・カレッジに進む者と、一般高校（三年間）に進む者に分かれる。そして、ジュニア・カレッジの卒業時にGCE〝A〟レベルと呼ばれる高校卒業試験を受け、この成績によって、大学に進める者が決まる。

このように、シンガポールの教育制度は小学校段階から選別試験の連続であり、運が悪くそのときの試験の成績が悪かった者には敗者復活戦がないだけでなく、晩期大成型の生徒が上級学校に進める余地もほとんどない。

この選別的教育制度は、これまでの教育制度の問題点を整理して新たな制度の提唱を目的に、ゴー・ケンスィー副首相を責任者に創られた検討委員会が、一九七九年二月に発表した「ゴー・レポート」を受けてでき上がったものである。

なぜ、早い段階の試験でほぼ一生のコースが決まるのだろうか。その理由は、リー・クアンユーが、人間は才能ある者とない者に分かれ、政府の仕事はそれを早く見極めることにあると確信し、この考えに基づいて教育制度が制度設計されたからである。成績の悪い者には、これ以上の教育は無駄という「効率」が、教育でも原理とされているのである。

120　国家奨学金とエリート官僚

開発官僚を調達するうえで重要なのが、最後の高校卒業試験である。政府は、高校卒業試験で優秀な成績を修めた生徒に「国家奨学金」を与え、官僚への道を歩ませるからである。ただ、奨学金といっても、日本のように学業成績は優秀だが、家庭の経済的事情で勉学を続けるのが困難な学生に与えるものではない。シンガポールにもこのタイプの奨学金があるが、それは民間社会団体の役割である。国家奨学金は、家庭の経済事情とは無関係に、学業成績が優秀な生徒に与えるもので、たとえば、リー・クアンユーには二男一女がいるが、全員が国家奨学金の受給者である。

国家奨学金は、国防省、内務省、教育省なども提供しているが、これは自省の人材確保のために行うもので、シンガポール官僚全体を対象にしたものとして、日本の人事院に相当する公務員委員会の国家奨学金がある。公務員委員会は、高校卒業試験で優秀な成績を修めた上位二五〇人ほどの学生に国家奨学金を打診する。なかには断る者もいるが、ほとんどの学生が受け入れる。

公務員委員会の国家奨学金タイプは、海外優秀生奨学金（毎年一三〇人ほど）と国内優秀生奨学金（同じく一三〇人ほど）の二つである。そのうち、特に優秀な学生には大統領奨学金（毎年男女合わせて数人）やシンガポール国軍奨学金（主に男性で七人ほど）などを与える（前者二つの奨学金との重複受給）。一定数のエリート官僚の確保の点からして重要なのが海外優秀生奨学金である。

留学先は、アメリカ、イギリス、フランス、ドイツ、カナダ、オーストラリア、日本、中国の八ヵ国から本人が自由に選べる。だが、優秀な学生は例外なく、アメリカかイギリスの大学を選ぶ。たとえば、ゴー時代の二〇〇一年に、最高栄誉の大統領奨学金を受給した三人の留学先は、イギリスのケンブリッジ大学とオックスフォード大学、アメリカのプリンストン大学であった。大学の専攻は理工系学部が大半を占め、とりわけ工学部が五〇%を超えており、法律を専攻した者は数%に過ぎない。

そして、海外の一流大学で学んだ学生を官僚に確保する最後の仕組みがボンド制度である。これは政府が国家奨学金供与の交換条件として、卒業後、官僚になることを義務付けたもので、これにより国家奨学金受給生は、奨学金タイプにより六〜八年間、官僚として働くのである。もちろん違約金を払えば、民間企業や自分の好きな職業に就けるが、このようなケースはきわめて少ない。

教育制度は出口でエリート官僚の確保につながっているわけで、国家奨学金制度は一九五九年の人民行動党政権の誕生とともに始まり、現行の制度は七〇年代初めに完成した。この仕組みを創り上げたのが、社会のなかで最も優秀な者が国家運営を担う必要があると確信するリー・クアンユーなのである。

政府開発行政機関の「三位一体」構造

国家奨学金を通じて調達された官僚が、どのように開発行政を行うのか、それをよく示すのが次の仕組みである。

シンガポールでは政府機関には三つのタイプがある。第一タイプは、日本と同じ財務省や経産省などの中央省庁である。第二タイプは、外国企業誘致を任務にする経済開発庁、工業団地の造成などを任務にするジュロン開発公社などの準政府機関である。開発行政との関連からすると、中央省庁が事務機関の側面が強いのに対し、準政府機関は直接に開発行政を担う。第三タイプは、シンガポール開発銀行やシンガポール航空などの政府系企業である。厳密に言えば、政府系企業は開発行政機関ではなく民間企業と同様に直接に開発に参加する、いわば政府の開発実行部隊だが、これからみるように開発行政機関の側面も持っている。

海外の大学から帰国した国家奨学金生を、公務員委員会は本人の希望を考慮しながら、三つのタイプの政府機関に配属していく。

シンガポールの開発行政官僚は、有能なこと、効率的なこと、対応や決定が素早いことで有名だが、有能な一因は優秀な海外留学生を官僚に調達する仕組みにある。そして、効率的で対応や決定が素早い一因は、政府の開発行政機関の三位一体構造にあり、それは次のようなものである。

日本では、中央省庁の責任者（事務次官）と政府系企業の経営責任者（社長や会長）は、組織が違うことから別の人間が就くのが普通である。だが、シンガポールの場合、三つの機関はあたかも一つの組織であるかのように運営されている。すなわち、官僚になった海外留学生が、たとえば、中央省庁に配属された後、数年後に準政府機関や政府系企業に配転され、さらに、再度中央省庁に配転になることが少なくないからだ。それは、三つの機関併せて政府機関と考えられているためで、これを顕著に示すのが、次の二人のエリート官僚の例である。

リー時代の終りの頃の一九八九年に、ガム・トンダウは一人で、財務省と国家開発省と総理府の三つの中央省庁の事務次官を兼任していた。これでも異例だが、その他にも、政府系貿易会社イントラコ社副会長、準政府機関の地下鉄運営にあたる高速鉄道公社役員も務めていた。また、財務省事務次官のJ・Y・ピレーは、政府系企業のシンガポール航空会長、準政府機関の中央銀行に相当するシンガポール金融庁長官も兼任していたのである。

このようにシンガポールの開発行政は、エリート官僚が三つの政府機関の運営を担う仕組みが創られている。それは、人民行動党政府がこうした機関を担える有能な人材が不足していると考えているからである。だが、見方を変えれば、複数の政府機関の運営を同一人物が担うことにより、開発行政の意思決定の速さと効率性が機能していると言える一因なのである。

こうして、開発官僚には最も有能な人材が集められ、効率的でクリーンをモットーに開発行政が行われているが、一人のエリート官僚に広範な権限が集中する兼任構造は、腐敗の温床となる可能性があることも否めない。実際に、シンガポールの官僚も汚職の誘惑から完全に自由なわけではない。

一九八六年一一月に現職の国家開発相が、二つの不動産開発会社から国有地払い下げの便宜を図った謝礼として一〇〇万シンガポールドル（約一億円）を受け取った疑惑が持たれ、首相直属の強大な権限を持つ汚職行為調査局が調査を開始すると、国家開発相は容疑を否認したまま自殺する事件が起こった。しかし、シンガポールの場合、これは例外的な出来事である。開発途上国の場合、汚職や腐敗行為の原因が低い給料にあることが多いため、政府は官僚に高給待遇を与えて腐敗行為の防止に努めているからである。これは一九九〇年代初めの数字だが、開発途上国の官僚の給与は、ほとんどの国が民間水準の三〇～七〇％なのに対し、シンガポールは一一五％と民間水準を上回っている。

労働者の賃金管理システム

人民行動党は開発促進のために、労働者の賃金も管理している。シンガポールが経済開発を本格化させた一九七〇年代初頭は、先進国の労働集約型企業が安価な労働力を求めて開発途上国に進出を開始したときであり、外国企業誘致の決め手の一つが労働者の低賃金にあった。

そのため、政府は労働者の賃金管理を目的に、一九七二年に、雇用者、労働者、政府の三者で構成する全国賃金評議会を発足させた。同評議会の任務は、毎年、賃金引き上げの適正水準を政府に勧告することとされたが、三者のうち、労働者は一九六〇年代前半以降、政府主導で創られた労働組合書記長に人民行動党の有力幹部を就任させるなど、完全に政府の管理下に置かれていた。雇用者も、分離独立後は政府に政治的に管理されたので、三者の意見が原理的に対立することはない。また、当初、勧告対象は政府職員だけだったが、民間企業も政府職員の賃上げ水準をみて決めるようになり、一九七〇年代前半には、政府がシンガポール全労働者の賃金決定権を握る仕組みができ上がった。

政府は、時代変化に合わせて全国賃金評議会を機能させる。まず、一九七〇年代前半は外国企業誘致を目的に低賃金政策を採り、経済成長率を下回る低い賃上げ勧告を行い、安価な労働力の維持に努めた。しかし、外国企業が大量進出して労働力不足状態に陥ると、一転する。後述するが、政府は一九七九年に低賃金労働力に依存しない産業構造高度化政策を打ち出し、低賃金労働者を使った労働集約型企業を淘汰《とうた》するために（実際には、近隣諸国への移転を促すこと）、同年から三年連続で経済成長率の二倍に近い約二〇％の賃上げ勧告を行った。そして、一九八五年に独立後初めてマイナス成長に陥ると、企業コストを軽減して国際競争力を回復させることをねらいに、二年連続で賃上げ凍結勧告を行ったのである。

賃金は、その時々の政府の政策目標を達成する手段として使われたわけで、こうした政府による賃金の介入と管理をやめるのは一九九〇年代を待たなければならない。

中央積立基金——退職後年金の管理

人民行動党は、労働者の退職後年金も開発資金として利用した。開発途上国の開発では、先進国政府の援助、国際機関からの援助や借款、さらには民間銀行などからの借り入れに依存して、累積債務危機に陥った国が少なくないが、シンガポールも一九六〇年代には外国援助や借款を利用している。しかし、その後は、基本的に国内で自己調達する。これが可能になった一因は、労働者の退職後年金に相当する中央積立基金制度を利用して、開発資金としたことにある。

中央積立基金は、イギリス植民地時代の一九五五年に始まり、人民行動党政権時代に拡充されたもので、月間給与支給額または受け取り額が五〇シンガポールドルを超えるすべての労働者が毎月の給与から一定比率を積み立てる制度である。

労働者だけでなく雇用者も同率を拠出するので、たとえば、月給が一〇〇〇シンガポールドル、拠出比率が一〇％だとすると、労働者と雇用者がそれぞれ一〇〇シンガポールドルを拠出し、中央積立基金の労働者の口座に毎月二〇〇シンガポールドルが積み立てられていく（他の要素を無視すると、労働者の手取りは九〇〇シンガポールドル、雇用者の給与支払額は一一〇〇シンガポールドルになる）。注目されるのは、シンガポールの国民労働者の年齢構成が若いので、定年に達して預金を引き出す者よりも、若い新規加入者がはるかに多く、毎年、巨額が基金にプールされていったことである。

また、拠出比率も、経済が成長して労働者の給与が上がると、それに比例して引き上げられた。一九五五年の創設当初は、労働者・雇用者それぞれ五％（合計一〇％）だったが、経済成長が軌道に乗り始めた七五年には一五％（合計三〇％）に、八四年には二五％（合計五〇％）にもなった。一九八四年の場合、引き出し額を無視すると、シンガポール労働者の給与総額の五〇％が中央積立基金にプールされたことになる。

政府がこの巨額資金を開発資金に転用した仕組みは次のようなものである。まず、中央積立基金の積立金で政府国債を購入して、積立金が国庫に移転する。その後、それを開発予算に組み入れ、政府補助金や貸付金として準政府機関などの事業資金にしたのである。

これが開発資金になったことを示すのが、借り手機関の顔ぶれである。一九六七〜八二年の累積でみた借り手の上位三機関は、第一位が、大規模な公共住宅建設を行った住宅開発庁（四〇・七％）、第二位が、企業に資金融資をしたシンガポール開発銀行（二一・一％）、第三位が、島内各地に大規模な工業団地を建設したジュロン開発公社（一一・八％）、と上位を開発関連機関が占めた。政府は、本来、労働者に帰属する当座の余剰資金をうまく開発資金に転用して、経済社会開発の自己資金にしたのである。

アジアの多くの開発途上国では、韓国の財閥《チェボル》に代表されるように、政府が国内企業を育成して工業化の担い手にした。だが、シンガポールの工業化を担ったのは先進国企業である。その理由はいくつかあるが、一つはすでにみたように、工業化が軽工業の振興ではなく、いきなり重化学工業を中核に据える戦略が採られたからで、国内民間企業にはその能力がなかったことである。

外国企業が、シンガポールの工業化を担ったことを示すのが製造業投資である。製造業総固定資産の累積直接投資額は、マレーシアから分離独立した一九六五年の一億五七〇〇万シンガポールドルから、一〇年後の工業化が本格化した七五年には三三億八〇〇〇万シンガポールドルと二一・五倍になった。投資国は、第一位がアメリカ、第二位がイギリス、第三位がオランダ、第四位が日本、第五位が西ドイツ、と先進工業国が上位を独占し、この順位は毎年ほぼ同じである。製造業投資額の約八〇％を先進国資本が占め、シンガポール国内資本のシェアは二〇％ほどでしかない。しかも、この二〇％はすべてが民間企業ではなく、この後でみる、政府系企業の投資分も含まれていたのである。

また、工業化を牽引した業種も、他のアジア諸国のように、低賃金労働力を使った繊維産業、おもちゃ産業、テレビ組み立てなどの労働集約型産業ではなく、石油精製業、化学品産業、電器産業などであり、とりわけ電子部品産業と石油精製業の二業種だけで、一九八〇年代には製造業付加価値総額の六〇％を占めた。

外国企業が牽引したのは輸出も同様であり、毎年、工業製品輸出の八〇%ほどをアメリカや日本などの外国企業が占めた。これが語ることは、シンガポールの工業化を先進国企業が担い、技術と資金力に劣る国内民間企業が参入する余地が、ほとんどなかったことである。

これは製造業分野の構図だが、外国企業が主役なのは、サービス業や金融業など他の分野も同じである。ただ、有力外国投資国の投資分野には違いがあった。最大の投資国アメリカは、石油精製業、電子部品産業、工業用化学など製造業であり、日本は一九六〇年代の造船業を始め、電器産業、貿易業、小売業（デパート）など、幅広い分野にわたった。

「ワンストップ」政府機関

外国企業を誘致するために、シンガポールがさまざまな努力をしたなかで、特筆される一つが、ワンストップ政府機関と呼ばれるものである。

通常、先進国企業が開発途上国に投資する場合、投資認可交渉に始まり、優遇税制措置の確認、工場用地や労働者の確保、ガス・電気・水道などインフラ設備の確認、生産に必要な原材料や部品の輸入、利益の本国送金など、さまざまな問題を投資先国の政府機関と協議・交渉する必要がある。大半の国では担当省庁が違うので、外国企業は数多くの政府機関に足を運んで面倒な手続きを一つひとつクリアーしなければならない。しかし、シンガポールでは、外国企業の誘致を担当する経済開発庁とだけ交渉すればよい、一元的な窓口のシステムが創られた。とはいえ、同庁がすべてを管轄したのではなく、投資する外国企業に替わって担当省庁と折衝や調整をしたのである。これが、ワンストップ政府機関である。

シンガポールは、外国企業を誘致するインセンティブの一つとして、多くの産業分野で一〇〇％出資の外国企業の設立を認めたので、世界的な多国籍企業は資金、技術、輸出市場と、すべてをセットでシンガポールに持ち込んだ。極端な言い方をすると、政府はこれらのことを心配することなく、専ら外国企業の誘致と、外国企業が活動しやすい環境の創出に務めれば、後は外国企業がすべてを行ってくれたのである。

シンガポールの経済開発を先進国企業が担っていることを象徴するのが、シンガポール最大のジュロン工業地区が、多国籍電子部品企業の生産拠点となっていることである。また、ジュロン地区の南に浮かぶジュロン島の一大石油精製基地には世界の石油メジャーが進出し、都心部にある最大のビジネス街シェントンウェイは、先進国の大手銀行が支店を構えている。

産業構造の転換

国家主導型と外資依存型が結合した開発の結果はどうだったのか、経済成長率がそれを雄弁に語っている。

マレーシアに加盟した一九六三年こそ一〇・五％の高い成長率だったが、翌六四年はインドネシアの貿易禁止措置やマレーシア政府との経済対立や国内の民族暴動などを原因に、マイナス四・三％と大きく落ち込んだ。しかし、分離独立した一九六五年に六・六％に持ち直すと、翌六六年の一〇・六％をスタートに、第一次石油危機で世界経済が不況に陥った七三年まで、八年連続の二桁の高度成長を記録した。分離独立後の一九六五〜七三年の平均成長率は一二・五％の高成長で、七〇年代末になるとシンガポールは、韓国、台湾、香港とともにアジア新興工業経済群（ＮＩＥｓ）の仲間入りを果たしたのである。

工業化の達成により、シンガポール経済は、イギリス植民地時代の貿易中心から製造業中心へと歴史的転換を遂げた。国内総生産の産業部門別構成比率は、工業化が開始された頃の一九六〇年は、商業が三二・一％、運輸・通信業が一四・〇％、製造業が一一・四％で、中継貿易中心の産業構造を色濃く残していた。

しかし、リー時代が終わる一九九〇年には、製造業が二九・六％、金融・ビジネスサービス業も二六・九％に増え、これに対して、商業は一七・二％に減少して、製造業と金融業がシンガポール経済を支える二大産業になったのである。リー時代の約三〇年で、シンガポールは多国籍企業の国際加工基地、東南アジアの金融センターへと転換したが、その最大の要因は、国家主導の下であらゆる資源を総動員した開発方式にあった。

金融センター

一九八〇年代になると、シンガポールは金融部門も発展する。なぜ金融だったのだろうか。

すでにイギリス植民地時代から、シンガポールは貿易業と密接な関連にある銀行業や保険業が発展して、金融部門の基盤が形成されていた。一九七〇年代になると、日本やアメリカやヨーロッパなど先進国の金融機関は、貸付先としてのアジアに目を向け、東南アジアの地域拠点としてシンガポールを選び支店を設けた。そして、一九八〇年代にマレーシアやインドネシアなど東南アジア諸国の経済開発が本格化して、開発資金の需要が高まると、調達先として、地理的に近く先進国の金融機関が大挙して進出しているシンガポールに目をつけた。この二つの動きが結合して、シンガポールが東南アジアの金融センターになったのである。

一九六八年にアジア・ダラー市場が開設されて、取引相手を外国（人）に限定したオフショア銀行の活動が始まっていたが、オフショア銀行数は、七〇年は地場銀行一一行、外国銀行二六行の合計三七行に過ぎなかった。それが一九九〇年になると、地場銀行が一三行、外国銀行が一二三行の合計一三六行へと大幅に増える。増加した九九行のうち二行以外は、すべて外国銀行だった。取引額も、一九六八年の三〇〇〇万ドルから、リー・シェンロン時代が始まる二〇〇四年には五八二〇億ドルに増えた。

シンガポールが地域の金融センターになった具体的要因は、効率的な行政、よく整備された通信インフラ、イギリスの法制度がビジネス取引の標準なこと、多くの国民が英語を使いこなすこと、世界の二大金融センターのロンドンとニューヨークの中間に位置して、二四時間取引が可能なこと、などにあった。

金融部門でも、イギリス植民地時代に築かれた基礎と、政府の精力的な環境整備が発展につながったのである。シンガポールは、経済発展に役立つとみなすと、貿易であれ、製造業であれ、金融であれ、そして第6章でみるように娯楽産業のカジノであれ、いかなる産業も見逃さなかった。発展が至上課題の国の面目躍如といったところである。

産業構造高度化政策

順調な経済発展の道を歩んできたシンガポールだが、一九八〇年代になるといくつか深刻な問題に直面する。一つは、労働力不足、もう一つは、他の東南アジア諸国が労働集約型産業を武器に、シンガポールの追い上げを開始したことである。

この二つは、シンガポールの開発戦略の見直しを迫るものとなった。すなわち、当初は、国民に就業機会を提供するために労働集約型産業を振興したが、労働力不足が明らかになり、労働力が豊富な近隣諸国と労働集約型産業で競争しても勝ち目がないからである。政府が一九七九年に打ち出した新戦略が、資本集約型や技術集約型の産業を軸にした産業構造への転換であり、これが産業構造高度化政策である。

新戦略のねらいは、労働集約型産業をマレーシアやインドネシアなど東南アジアの近隣諸国に移転させ、そこから生じた貴重な労働力を、付加価値や技術レベルの高い産業に振り向け、さらなる発展をはかることにあった。この戦略で重要なのは、労働集約型産業を近隣諸

東南アジアの金融センターとして摩天楼がひしめく商業地区，2010年

国に移転させること、明快に言えば、「追い出す」ことだが、そのための政策の一つが、すでにみた一九七九年から三年連続で行われた高賃金政策だった。産業構造高度化政策を打ち出すと、政府は誘致企業のターゲットを先進国の研究開発型企業、ハイテクなど高付加価値産業に絞り、積極的な誘致活動を開始した。

こうした一連の動きが語ることは、経済発展に役立つとみなした産業は全力を挙げて振興・誘致するが、ひとたび経済の阻害要因になったと判断すると、きわめてドライな行動を採ることである。その理由は簡明である。シンガポールが土地と労働力の資源が限られた小さな国だからである。

巨大な政府系企業

シンガポールの経済開発では、政府系企業も担い手企業の一つである。イギリス駐留軍がシンガポールから撤退後、跡地の海軍基地を造船所にしたのを始め、石油精製、石油化学、貿易、金融、海運、エンジニアリング、武器製造、不動産開発、ホテル、観光業、さらには宝くじと、政府系企業が進出していない産業分野を見つけることは難しい。

これらは政府の単独企業もあれば、外国との合弁企業もあり、資本形態はさまざまだが、通信のシンテル社、銀行のシンガポール開発銀行、航空のシンガポール航空、不動産のキャピタランド社など、政府系企業には巨大企業が少なくない。もし、政府系企業を一つの企業グループとみなすと、シンガポール最大の企業グループになるだろう。これら政府系企業の持株会社が、財務省が一〇〇%所有するテマセク・ホールディングス社であり、同社や政府系企業の経営責任者には、先ほどみたように中央省庁事務次官などが兼任で任命されている。

多くの国では、政府系企業は国民生活や産業振興に不可欠だが、規模の巨大性や高いリスクゆえに民間企業の参入が難しい分野に創られるのが普通である。シンガポールが特異なのは、これに加えて、民間企業が十分に活動している分野でも、政府の特別な保護を受けない限り、政府系企業が民間企業と競争して利益を上げることは許されることである。ただし、これについては民間企業の不満の声は強い。そのため、多くの国では政府系企業は赤字企業の代名詞となっているが、シンガポールの政府系企業（や準政府機関）の収益性はきわめて高い。

表2　準政府機関とシンガポール企業の高利益上位10社

単位：100万Sドル

	準政府機関	1984／85	企業	国	業種	1984
1	金融庁	836.1	Sundstrand Pacific	アメリカ	航空機部品	209.3
2	電電公社（現シンテル社）	866.2	United Overseas Bank	シンガポール	銀行（地場）	146.0
3	通貨委員会	346.4	Singapore Airlines	シンガポール	航空（政府系）	140.2
4	港湾庁	329.6	OCBC Bank	シンガポール	銀行（地場）	125.1
5	公益事業庁	216.4	Dev. Bank of Singapore	シンガポール	銀行（政府系）	124.3
6	都市再開発庁	137.8	Tandon	インド	コンピュータ部品	116.7
7	ジュロン開発公社	122.9	Hewlett-Packard	アメリカ	半導体	68.0
8	郵便貯金局銀行	100.2	Seagate Technology	アメリカ	コンピュータ部品	53.2
9	航空庁	50.7	Overseas Union Bank	シンガポール	銀行（地場）	49.2
10	中央積立基金	35.1	GETV & Appliance	アメリカ	テレビ	45.7
合計		3041.4				1077.7

出所：Singapore Business July 1987, Datapool. Singapore Business Yearbook 1987. より筆者作成

表2は、一九八四／八五年の外国企業、地場民間企業、政府系企業、それに準政府機関の上位一〇社の収益である。シンガポールに進出している外国企業のうち最高収益を上げたのが、アメリカの航空機部品会社サンドストランド・パシフィック社の二億九三〇〇万シンガポールドル、地場民間企業ではUOB銀行の一億四六〇〇万シンガポールドル、そして政府系企業はシンガ

ポール航空の一億四〇二〇万シンガポールドルであった。

これに対して準政府機関は、中央銀行に相当する金融庁、通信の電電公社（現シンテル社）、通貨委員会、港湾庁、それにガス・水道・電力の公益事業庁の五つの機関が、民間企業の収益を上回っている。政府系企業や準政府機関が高収益の理由は、多くが独占企業であることに加えて、民間企業同様に、利潤獲得を原理に経営が行われていることにある。

四大華人企業グループ

シンガポールの経済開発は、外国企業と政府系企業を車の両輪に行われたが、一九八〇年代になると、それに牽引されて華人企業も発展していく。

シンガポールには四大華人企業グループと呼ばれるものがある。最大のグループが、戦前期にゴム事業で財をなしたリー・コンチェン一族の華僑銀行（OCBC）グループである。同グループは、戦後にシンガポールからの撤退を考えた保険、清涼飲料水、食品などのイギリス系有力企業を買収して巨大企業グループになった。これ以外にも戦前期に形成されたリー一族所有のゴム関連の巨大企業グループを持ち、二つを合わせると東南アジア有数の企業グループになる。

第二位のウィー・チョウヤオ一族が所有する大華銀行（UOB）グループと、第三位のオー一族が所有する華連銀行（OUB）グループも、植民地時代に創られた銀行を中核に、工業化時代にホテルや不動産業に事業を拡大して発展したものである。

異色なのが、第四位の中国人移民の四兄弟が戦後に興したホンリョン・グループで、他の三つが銀行グループなのに対し、セメントや建設など軽工業を中心に、戦後の工業化とともに発展したものである。同グループはマレーシアでも工業化の波に乗って巨大企業グループを形成した。

シンガポールの有力華人企業は、イギリス植民地時代に始まったものが多いが、東南アジア諸国の華人企業と比べると二つの特徴がある。

一つは、インドネシアでもタイでも、華人企業は工業化時代に製造業に参入して巨大企業グループになったものが多いが、シンガポールはホンリョン・グループを例外にほとんどないことである
もう一つは、政治との関わりが薄いことである。東南アジア諸国の華人企業の生成・発展パターンは、かつてインドネシア最大の企業グループだったサリム・グループが、スハルト元大統領と密接な関係を持ったように、政治権力者との癒着をテコにしたものが多い。しかし、シンガポールは政治の保護や癒着は皆無である。その理由は、シンガポールの経済開発が始まった一九六〇年代に、有力華人企業家が人民行動党と政治的に対立していたことにある。イギリス植民地時代の華僑企業は、植民地政府（政治権力）と距離を置いて自力で発展したが、その伝統は、華人企業が土着化した時代にも続いているのである。

「シンガポール株式会社」

いままでみてきたように、シンガポールの経済開発は、国家奨学金制度を通じて調達した有能な開発官僚の下で、開発戦略、産業インフラの整備、外国企業の誘致、労働者の賃金管理、政府系企業による生産活動への参入など、あらゆる分野に政府が関与して行われた。そこでは、欧米諸国のように、政府は専ら行政と企業が活動する環境の整備に専念し、民間企業が生産の実行部隊を担うという政府と民間の棲み分けはない。シンガポールの経済開発では先進国企業の誘致がきわめて重要だが、その任務を負った経済開発庁の官僚は、まるで商社員が世界中の国々に商品を売り込むかのように、先進国企業にシンガポールという商品、つまりはシンガポールへの投資を売り込んだのである。

日本株式会社という言葉がある。これは、日本の政府と民間が密接に連携した官民一体の開発方式をさすが、シンガポールの開発方式もこれに類似し、シンガポール株式会社ということもできる。ただ、日本との違いは、政府の関与が経済分野に限定されることなく、政治・社会分野にも拡がり、また、政府の主導の下に企業家だけでなく、ほとんどの国民が労働者として参加するなど、社会の資源が総動員して行われたことにある。

比喩的に言えば、シンガポール株式会社の社長が創業者オーナーのリー・クアンユー、副社長がリーの片腕のゴー・ケンスィー、第一線の営業部長がエリート開発官僚、一般国民が事務職や現業の社員に相当する。そして、株式会社である以上、シンガポール株式会社は利益獲得に経営原理が置かれ、社長の大号令以下、社員全員が一丸となって会社の発展に励んだのである。

4　国民統合の社会工学——種族融和と英語化政策

種族融和政策

第1章でみたように、イギリス植民地時代のシンガポール社会は、イギリスの分割統治政策もあり、民族、さらには出生地によって二重に分節して、住民はバラバラの状態にあった。独立後、人民行動党は、政治安定と経済発展を達成するには、民族や言語などで細かく分節する社会が一つにまとまる必要があると考え、国民統合にも精力的に取り組んでいく。イギリス植民地時代は、いわば自由放任状態に置かれていた社会が、独立国家時代になると一転して、上からの統合と管理が試みられたのである。

人民行動党が最初に取り組んだのが、三つの民族の融和である。

シンガポールがマレーシアから追放された最大の原因が、マレー人と華人の民族対立にあり、マレーシアでは一九七〇年代初頭から、マレー人を優遇するブミプトラ政策が打ち出さ

表3　シンガポールにおける各民族の割合（%）

年	1970	80	90	2000	10
中国系	77.0	78.3	77.8	76.8	74.1
マレーシア系	14.8	14.4	14.0	13.9	13.4
インド系	7.0	6.3	7.1	7.9	9.2
その他	1.2	1.0	1.1	1.4	3.3

出所：Census of Population 2010 Advance Census Release

れていた。民族の扱いをどうするかは、シンガポール社会の安定と、マレーシアやインドネシアとの共存関係に直結する難題であった。

また、民族と密接な関係にあるのが宗教だが、一九八〇年の国民の宗教分布は、道教が三〇・〇%、仏教が二七・〇%、イスラーム教が一五・七%、キリスト教が一〇・一%、ヒンドゥー教が三・六%と、宗教も多様だった。この比率は、マレーシアから分離した一九六五年当時もほぼ同様である（二〇〇〇年代に入り表4のように変動も見られる）。

人民行動党は「種族融和政策」と呼ぶ政策を実行する。これは、三つの民族の言語や宗教や民族文化などを平等に扱うこと、逆に言えば、特定の民族の価値を優遇して国家価値とし、それを軸に国民を一つに統合しないことである。この政策の背景には、隣国のマレーシアとインドネシアのマレー社会に受け入れてもらうためには、華人性を強く主張することはできず、だからと言って、シンガポールがマレー化することもできなかったことがある。これは同時に、シンガポールの意地でもあった。マレーシア時代にシンガポールは、華人とマレー人（それにインド人）を平等に扱う社会形成を主張したが、マレー人優位を説くマレー人政治家の主張の前に敗れていた。人民行動党は、三つの民族が共存する社会形成（種族融和政策）が可能であることを証明しようとしたのである。

現在、シンガポールの国語はマレー語である。なぜ、国民人口の十数%の民族の言語なのだろうか。その理由は、もともとシンガポールがマレー世界に属し、イギリス植民地からの独立は、マレーシアと一緒になることが想定されていたからで、一九五九年にマレー語が国語（実際には州語）になった（同時に歌詞がマレー語の国歌も創られた）。しかし、一九六五年の分離後は、マレー語の国語は「お飾り」でしかなく、種族融和政策に基づいて、シンガポールの主要民族の言語である華語、マレー語、タミル語、英語の四つが公用語（国会や役所など公的な機関で使用できる言語）とされた。

また、それぞれの民族の出身国の祭日を祝日として休みとした。たとえば、華人のチャイニーズ・ニューイヤー（旧正月）、マレー人のハリラヤ・プアサ（断食明け祭り）、インド人のディーパバリ（ヒンドゥー教の光の祭り）、それからクリスマスである。

政治的実権はないが国の代表者である大統領ポストも、シンガポールが種族融和社会であることを、国内

表4　シンガポールにおける各宗教の割合（%）

年	2000	10
仏教	42.5	33.3
道教	8.5	10.9
キリスト教	14.6	18.3
イスラム教	14.9	14.7
ヒンドゥー教	4	5.1
その他	0.6	0.7
なし	14.8	17

註：対象は15歳以上
出所：Census of Population 2010 Advance Census Release

外に示すショーウィンドウとして使われた。初代大統領がマレー人、第二代がユーラシア人、第三代がインド人、第四代と第五代が華人、第六代がインド人、そして二〇一一年からは第七代が華人と、シンガポールの主要民族が交互に就任した。

ただ、種族融和政策は、民族（や宗教や言語）の自己主張により、シンガポール社会が分裂・対立することを防ぐことに主眼が置かれるもので、国民を一つにする積極的政策というよりも、現状維持の消極的政策の側面が強かった。

英語社会化政策

他方で、国民を統合する積極的政策が、英語社会化である。なぜ英語なのか、これもある意味で消去法によるものだった。

シンガポール社会を華語で統合した場合、支配集団の人民行動党の言語と違うし、何よりも、中国的なものに強い拒絶反応を示すマレーシアやインドネシアに地域の一員として受け入れてもらうことは不可能である。この点で、マレー語はシンガポールの土着言語であり自然だが、国際社会のなかで経済発展しなければならないシンガポールにとり、マイナーな言語でしかない。人口一〇％に満たないタミル語は論外である。

かくして英語が残ったわけだが、もちろん英語を選んだ積極的理由もあった。英語は、人民行動党指導者の言語というだけでなく、すべての民族国民に中立的な言語であり、何よりも国際社会で経済活動を行っていく必要があったシンガポールにとり、国際ビジネス語だからである。

欠なことを理解したことである。それを示すのが、教育言語学校の生徒数の変遷である。シ

ンガポールではイギリス植民地時代から、華語、マレー語、タミル語、それに英語の四つの教育言語学校が設置され、親は子どもをどの言語学校で学ばせるか自由に選択できた。

興味深いのは、国民もシンガポールで社会的地位を上り、高い所得を得るには英語が不可欠なことを理解したことである。それを示すのが、教育言語学校の生徒数の変遷である。シンガポールではイギリス植民地時代から、華語、マレー語、タミル語、それに英語の四つの教育言語学校が設置され、親は子どもをどの言語学校で学ばせるか自由に選択できた。

イギリス植民地時代の一九四七年の小学校生徒数の比率は、華語学校が六〇・三％、英語学校が三〇・七％、マレー語学校が七・九％、タミル語学校が一・一％で、華語学校の生徒数は英語学校の二倍ほどであった。しかし、人民行動党政権が誕生した翌一九六〇年には、華語学校が四三・五％、英語学校が四九・五％と逆転する。その後は、華語学校の比率が低下して、英語学校の比率が高まる一方であった。一九八七年には華語学校に入学する小学生がいなくなり、全員が英語学校で学ぶようになったのである。シンガポール社会は、人民行動党が英語化政策を開始する前から、「中国語社会」から「英語社会」に向かって動いていたのである。これについては、先の南洋大学の話を想起してほしい。

リー時代に国民が自発的に英語教育を選択したことは、考えてみると、イギリス植民地時代に海峡生まれ集団が英語教育を選択したのとまったく同じであり、独立国家時代になると土着化していた華人集団も、自発的にその例に倣ったのである。

二言語政策――英語化政策の修正

一九五九年の政権就任後、マレー語を国語にしながらも、実際には英語化政策を進めた人民行動党だが、六五年の分離独立後に方針転換する。国際ビジネスのために英語が必要だといっても、誰もが英語を完璧にマスターできる能力があるわけではなく、国民すべて、とりわけ社会の下層階層が英語を使いこなせる必要がないことである。もっと深刻なのは英語教育が深化すると、国民が、言語の背後にあるイギリスやアメリカの自由主義思想を習得して、権威主義的な人民行動党批判につながる可能性があることである。そのため、英語化政策に修正が加えられる。

それが、国民が社会や家族の調和を重視するアジア的価値を学び、アジア人としてのアイデンティティを保持するために、それぞれの民族の母語を習得することであり、これが二言語政策である。

具体的には、華人ならば英語と華語、マレー人は英語とマレー語、インド人は英語とタミル語を学ぶもので、一九六六年から始まった。当初は、数学や科学など理数系の授業を英語で、社会や歴史など文科系の授業を母語で学ぶものだったが、一九七九年の「ゴー・レポート」に基づいた教育改革が打ち出されると、二言語政策の内容が変わる。語学の学習に重心が移るとともに、アジア的価値を学ぶことも目的の一つとされたのである。二つの言語の関係は、英語が第一言語、母語が第二言語という位置付けで、ともに必修科目で、一九七九年から第二言語の試験に合格することが、高校入学の条件になった。

二言語政策は、国際ビジネス活動のために英語を学び、アジア人としてのアイデンティティを保つために民族母語を学ぶものであり、アジアの伝統的価値とヨーロッパ近代の実用性の二つを国民が習得することをめざす野心的な社会工学的試みなのである。

「スピーク・マンダリン」

人民行動党は、華人社会に限定した社会工学も行っている。華人は国民の多数派集団だが、独立国家時代になっても、二言語政策にもかかわらず、家庭での親子の使用言語は、福建省出身者は福建語、広東省出身者は広東語と、中国語方言が多く使われ、主な方言だけでも一二言語あり、華人社会も言語による分節状態が続いていた。

人民行動党が問題視したのは、中国語方言が家庭で親から子に継承されて、華人社会が一つにまとまるのが難しいこと、それに二言語政策の実効性が上がらないことであった。そのため、英語を国民の共通語にしたように、華語（北京語＝マンダリン）を華人の共通語にしようとしたのである。

一九七九年九月、政府機関の音頭の下で大々的な「スピーク・マンダリン」キャンペーンが始まった。華人は中国語方言を話すことをやめ、華語を使うことを奨励した「華人・華

「スピーク・マンダリン」キャンペーン開会式で演説するリー・クアンユー，1979年

語」と大きく書かれたポスターが、公共バスの車体や、賑やかなショッピングセンターなどいたる所に貼られた。こうした政策の結果、キャンペーン開始の一九七九年に、日常生活で華語が不自由なく使える華人は七六%だったが、約一〇年後の八七年には八七%と、約一〇ポイントも増え、キャンペーンは一応の成果を上げた。

　しかし問題もあった。二言語政策により学校で華語を学ぶ若い世代は無理なく対応できたが、政府が期待した年配世代の間では、相変わらず中国語方言が使われたのである。ゴー時代の二〇〇〇年センサス（国勢調査）によると、華人家庭の場合、親子が家庭で使う言語は、英語が二三・九%なのに対し、華語が四五・一%と半数近くを占め、中国語方言も三〇・七%と、依然として英語を上回っている。人民行動党の社会工学的政策はすべての国民が対象だが、年配国民の間では、近代化された時代にも、民族文化（中国語方言）が脈々と維持されているわけで、人民行動党といえども国民の全面的改造は難しかった。

公共住宅の建設と種族融和

これまでみた人民行動党の社会工学的試みは、いかに国民を管理・統制するか、政府が望む方向に改造・誘導するかという観点から行われてきたが、数は少ないが、国民の意向に配慮したものも行われた。その一つが公共住宅である。

一九五九年に人民行動党政権が誕生したときの緊急政策課題の一つが、公共住宅建設にあった。一九六〇年に住宅開発庁（HDB）を創設すると、翌六一年に「住宅建設五ヵ年計画」を作成して大規模な住宅建設を開始し、毎年計画を上回るハイペースで住宅建設を進めていった。当初は、都心部のスラムを壊して低階層公共住宅が建設されたが、都心部の土地が不足し、かつ人口が増えると、シンガポール島郊外の農地や荒れ地を開発して、一〇階や二〇階建てなど高層公共住宅からなる、数十万人規模のニュータウンが島内の各地に建設された。

島の土地利用分布が、これをよく語っている。シンガポールの総面積のうち、イギリス植民地時代の一九五〇年は、市街地が一八・五%、農地が二四・〇%、森林が二六・一%だったが、ゴー時代の九六年には、市街地が四九・七%に増え、他方、農地が一・四%、森林が四・四%に激減して、島全体が都市化したのである。

この結果、国民の公共住宅入居率は、人民行動党政権が誕生した一九五九年の八・八%から、マレーシアから分離した六五年に二三・二％、八〇年に六八・五％に増え、ゴー時代の二〇〇〇年には八八・〇％にも達した。現在、国民一〇人のうちほぼ九人が公共住宅に住んでおり、アジアでこれに次ぐ公共住宅入居率は香港であるが、四五％ほどでしかない。

注目されるのは、公共住宅が種族融和政策を推進するためにも利用されたことである。公共住宅の入居部屋の位置は、入居者が自由に選べるのではなく、政府は意図的に、華人家族とマレー人家族とインド人家族が隣合わせになる入居政策を採った。もちろん、三つの民族の人口比率が大きく開いているので、すべての入居者にこの原則を適用するのは不可能である。実際には、各地の公共住宅団地の入居者の民族比率を、国民人口比率のそれに合わせて上限とし、特定の公共住宅団地に特定の民族が集中しないようにしたのである。

イギリス植民地時代には、民族による棲み分け政策が採られたが、人民行動党はそれとは一転して、意図的に異なる民族の混住政策を進めたのである。ただし、これにより種族融和が進んだかどうかは別問題であり、現在でも課題として残っている。

持家政策の絶大な効果

公共住宅で、特筆されるのが持家政策である。当初、入居形態は賃貸だけだったが、マレーシアとの対立が続く一九六四年に分譲が開始された。その目的は、たぶんに政治性が強かった。マレーシアと対立するなかで政府への忠誠心を確保し、移民者的性格を色濃く残している国民にシンガポールへの帰属意識を持たせることが、目的の一つだったからである。

一九六五年の分離後は、この持家政策は、マレーシアとの統合維持に失敗した政府に不満を持ち、シンガポールの行く先に不安を覚えて国を離れる可能性のある国民の対策として、絶大な効果を発揮した。移民者にとり、自分の家を持つことは、最高の夢だからである。ただ、当時は、大半の国民が公共住宅を購入する資金はなく、政府は中央積立基金の預金を公共住宅の購入資金に充てる政策を導入した。これにより、多くの国民はこれまでの積立金を頭金として支払い、その後は、毎月の積立金から返済することで購入が可能になる。これ以降、国民の間で「マイホーム・ブーム」が起こり、都心の条件のよい公共住宅を希望する場合は、長い順番待ちになった。

これをよく示すのが、中央積立基金の用途別使途である。一九八四年の場合、本来の退職後年金の引き出しは一七・三％に過ぎず、公共住宅購入のための引き出しが六一・四％も占めた。これにともない、公共住宅の持家率は、一九七〇年の入居者の二〇・九％から、一〇年後の八〇年には六〇・六％に上昇し、リー時代の最後の九〇年には八九・四％にも達する。そして、国民がひととおり公共住宅を購入すると、中央積立基金は使途が拡大され、民営化された政府系企業の株式購入資金や健康保険として利用できるようになる。

人民行動党は、国民を厳しく管理してさまざまなことを要求したが、その代償として社会厚生の提供を怠らなかった。

第5章

ゴー・チョクトン時代——一九九一～二〇〇四年

ゴー・チョクトン時代は、リー・クアンユーが首相の座をゴーにバトンタッチした一九九〇年末から（本章では便宜的に九一年とする）、ゴーが、リーの長男リー・シェンロンに首相の座をバトンタッチする二〇〇四年までの一四年間である。

リー時代には、人民行動党の厳格な一党支配体制の構築、国家主導型の経済開発、上からのシンガポール社会の作り替えが行われたが、これはアメリカとソ連が鋭く対立した冷戦を背景に行われたものであった。しかし、一九九〇年代になると世界の政治構図が一変する。ソ連・東欧諸国の社会主義国家が崩壊して、アメリカが唱える自由主義と民主主義、それに市場経済がグローバル・スタンダードになると、アジアの開発主義国家は、欧米諸国が主導する国際社会や国民から非民主的体制と批判を受け、多くの国で民主的体制に転換したからである。

ゴー首相の登場は、このようなアジアの政治社会状況を背景にしたものであった。本章は、ゴー時代の政治運営と経済政策を中心にみる。

1　ゴー首相下のリー体制

ゴー・チョクトン首相の登場

ゴー・チョクトン政権発足　前列中央にゴー，その左にリー・クアンユー

一九九〇年一一月二六日、三一年間シンガポール国家に君臨したリー・クアンユーが退任し、翌二七日にゴー・チョクトン（四九歳）が後継首相に就任した。

ゴーは一九四一年生まれで、シンガポール国立大学卒業後、六四年に経済官僚となった。国家奨学金を得てアメリカのウィリアムズ大学で開発経済学を学び、その後、一九六九年に政府系企業の海運会社ネプチューン・オリエント・ラインズ社に配属され、社長時代に赤字を黒字に立て直した経営手腕を見込まれて、政治家に転身した。

一九七六年総選挙で国会議員に当選すると、七九年には新設された重要ポストの貿易産業相に就任し、八四年には第一副首相や国防相に就いて、早くからリーの後継者とみなされていた。

リー前首相の人物評価によると、ゴーは八方美人型で優柔不断なところがあるという厳しいものだが、この評価は見方を替えると、ゴーはリーのように強烈なリーダーシップ型ではなく、協調型指導者であることを語っている。

実際に、ゴー新政権は集団指導制が採られ、華語教育出身のオン・テンチョンが副首相に就き、主要閣僚には、銀行家出身のトニー・タンが教育相、インド人のS・ダナバランが外相に就任してゴー新首相を支えた。これらの政治家は第二世代に属するが、すでに将来を見越して、第三世代のリー・クアンユーの長男のリー・シェンロン（三八歳）が副首相、ジョージ・ヨー（三六歳）が情報・芸術相代行に就任する。一九九二年には、首相ポストと並ぶ、もう一つの権力ポストの人民行動党書記長がリーからゴーに譲られ、世代交代は完了した。

首相の交代は、リーの高齢、失政、国民の批判などが原因ではない。リーは政治家としてまだ十分に働ける六七歳という年齢であり、本人の意欲も強いが、余裕をもって次の世代に国家運営を任せるためであった。リーは首相を退任したとはいえ引退したわけではなく、彼のために新設された「上級相」に就任する。上級相の役割は、政治経験が豊富なリーが若い閣僚に助言することとされたが、実際には、第二世代の国家運営を内部から監督することにあった。そのため実態は、リー・クアンユー時代が終えたのではなく、ゴー新政権は、いわば「ゴー率いるリー体制」と言えるものであった。

では、ゴー首相はどのような国家運営をめざしたのだろうか。

ゴー新首相の『ネクスト・ラップ』

ゴー首相は就任すると、第二世代指導者の手でシンガポールの新たな一章を創る意欲を示した。それが一九九一年二月に発表された、一五〇ページほどからなる『ネクスト・ラップ——二〇〇〇年のシンガポール』と題された長期政策ビジョンである。

この長期ビジョンが打ち出された背景には、マレーシアから独立後の一九六五～九〇年をシンガポール国家建設の第一の循環（二五年）とした場合、ゴー政権が誕生した九一年から国家建設の第二の循環（次の二五年）とし、次の二五年間に第二世代指導者が、どのような国創りをめざすのか、国民にその方向性と内容を示すことにあった。

ゴー首相がめざした国家建設の基本的考えは、シンガポールは経済発展の課題は達成したので、今後は芸術やスポーツの振興にも取り組むという点にあった。具体的な政策内容は、『ネクスト・ラップ』の目次がよく語っている。「国民——最も貴重なわが国の資源」、「教育——国民への投資」、「経済——次の時代の経営」、「わたしたちの家、シンガポール」、「芸術とスポーツ——シンガポールのもう一つの顔」などがそうである。

『ネクスト・ラップ』

これらの項目は、リー・クアンユー時代とは課題や目標がかなり違ったものが多いが、注目されるのは、ゴー首相はシンガポールの新たな一章をどのような政治運営の下で進めようとしたのかにある。

ゴーの「自由化」路線

シンガポールで首相交代が行われた一九九〇年末は、アジア諸国で、アメリカの国際政治学者サミュエル・ハンチントンの言う「民主化の第三の波」が吹き荒れていたときである。一九八六年のフィリピンに始まり、同年の台湾、翌八七年の韓国、八八年のミャンマー、八九年の中国（天安門事件）、九二年のタイ（血の民主化事件）と、多くの国で権威主義体制や軍政などを批判する民主化運動が起こり、少なからぬ国が民主的体制に移行した。しかも、民主化は、経済成長国（韓国、台湾、タイ）だけでなく、非成長国（ミャンマー）、さらには社会主義国（中国、モンゴル）でも起こり、この時期のアジアの支配的な政治潮流となった。

ゴー首相は、この新しい時代潮流を読み取り、リーとは違う路線を打ち出す。リーの厳格な権威主義統治スタイルに替えて、ソフトな自由主義統治スタイルを掲げ、たとえ野党が総選挙で一〇議席を獲得しても、それは民主主義国家であれば不自然なことではないと発言したのである。

三〇年以上に及ぶリーの権威主義統治スタイルに辟易《へきえき》していた多くの国民は、ゴー発言をシンガポールの政治自由化のシグナル、ようやく自由にものを言うことができる時代が到来したと受け止めた。一九九二年に、『グッバイ・クアンユー、ハロー・チョクトン』というタイトルの、リーの権威主義統治スタイルを風刺し、ゴーの自由主義統治スタイルを歓迎する漫画が発売されると、国民の間で人気を博したことは、その一例である。リー時代には、このような風刺漫画が刊行されることは考えられなかった。シンガポールは国民の下からの民主化運動ではないが、ゴー首相の上からの「シンガポールの春」の萌芽が感じられたのである。

一九九一年総選挙

ゴー首相の就任から九ヵ月後の一九九一年八月三一日に実施された総選挙は、ゴー首相が国民の信任を問うために、国会の任期切れより早めに行われたものである。と同時に、ゴー首相の自由化路線をはかる格好の機会でもあった。

結果は、人民行動党が国会八一議席のうち七七議席を獲得したものの、野党は一議席から四議席に増え、分離独立以来の選挙で最大の議席を獲得した。しかも、人民行動党の得票率も、過去最低の六一・〇％に落ち込んだ。選挙前にゴー首相は、前回選挙の獲得議席（八〇）と得票率（六一・八％）を下回れば、自分に対する不信任とみなすとしていたので「敗北」であった。

選挙結果は、ゴー首相には厳しいものとなったが、先の自由化発言に照らすと、これは想定内といえるものだし、人民行動党は依然として国会の圧倒的議席を維持していたため、政治運営に何の支障もなかった。ゴー首相も、しばらくすると選挙直後のショックから立ち直り、選挙結果はそんなに悪いものではないと思い直すようになった。シンガポールは厳格なリー時代を終えて、ソフトなゴー首相の下で自由化への第一歩を踏み出したかに思われた。

しかし、首相退任後も影響力を持ち続けるリー・クアンユーの見方は違っていた。常にシンガポールと国民のために何が必要かという観点に立ち、自分の厳しい統治スタイルが最善と考えるリーには、なぜゴーが国民の政府批判を容認するのか理解できなかった。リーの観点からすると、分離独立後の選挙で野党が過去最高の四議席を獲得し、人民行動党の得票率が過去最低だったことは、人民行動党の統治基盤を揺るがす由々しい事態だったからである。

選挙直後にリーは、ゴーの自由主義統治スタイルを批判し、国を統治するには国民に迎合することなく、厳格さが必要であると説いた。ゴー首相も、選挙の「敗北」は自由化路線にあったことを認めたので、リーに反論できなかった。第4章で、リー・クアンユーがシンガポール株式会社の創業者オーナーに相当すると述べたが、首相ポストを自分が選んだ後継者に譲った後も、シンガポールをどのような方針で運営するかについての決定権を、依然としてリーが握っていたのである。そのため、ゴー首相はリーの厳しい管理統治スタイルに依拠した路線に転換することになる。ゴー首相の「シンガポールの春」とも言える自由化の試みは、わずか一年ほどで花が咲く前の蕾《つぼみ》の段階で終えたのである。

リー権威主義路線への回帰——野党の抑圧

ゴー首相が、リーの権威主義路線に回帰したことを象徴するのが、一九九一年総選挙で野党として過去最高の三議席を獲得したシンガポール民主党に対する抑圧である。

一九九二年一二月に実施された集団選挙区の補欠選挙で、厳しい人民行動党批判を行った、シンガポール国立大学講師チー・スンジュアンが選挙区リーダーを務めたシンガポール民主党チームは、敗れたものの善戦した。すると、多くの国民の間で、また一部の人民行動党国会議員の間でも、近い将来、シンガポール民主党が人民行動党の対抗政党になると受け止めた。そのため人民行動党は、チー・スンジュアンに焦点を絞って攻撃を行うようになる。

チー・スンジュアン

一九九三年三月、チーは大学公費（研究費）を私的流用したという理由で大学を解雇され、チーが解雇に対して抗議のハンストを行うと、人民行動党は、チーの前上司の大学教員（人民行動党国会議員でもある）やマスメディアなどを総動員して、チーは信頼に足る人間ではないなどと人格攻撃を行った。

チーは、ハンストに反対したシンガポール民主党書記長との党内闘争に勝利し、新書記長に就任して党の実権を握るが、一九九七年総選挙でシンガポール民主党は惨敗する。さらに、二〇〇一年総選挙前には、チーは法廷侮辱罪で八日間投獄されただけでなく、破産宣告を受けて同年選挙に立候補することができなかった。第4章でみた、一九八〇年代の労働者党のジェヤレトナム書記長の例のように、有力野党政治家は、ゴー・チョクトンの時代にも、リー時代に駆使された政治手法によって抑圧されたのである。

他方で、少し違う時代を見せることもあった。一九九四年に、シンガポールでは数少ない女性人気作家キャサリン・リムが『ストレーツ・タイムス』紙に、「一つの政府、二つの統治スタイル」というタイトルで記事を寄せた。そこで彼女は、政府の統治スタイルは、ゴー首相の自由主義統治スタイルとリー前首相の権威主義統治スタイルに分裂している、ゴー首相は国民の民意を取り入れた開かれた政治を掲げて登場し、国民もそれに期待したが、最近はリー前首相の権威主義統治スタイルに押されて政治姿勢が後退したと批判した。

これに対して、ゴー首相は、とるに足らない作家が首相の権威を貶《おとし》めるのを許すわけにはいかない、政治的主張をしたければ、政党を創り選挙に出馬して政治家になれと、リムを厳しく糾弾する。この政府批判者への対応は、リー前首相とまったく同じだが、ただ、リー時代とは政治環境が若干違うことを感じさせたのは、その後の新聞の読者投稿欄に、リムを支持する読者の声がいくつか掲載されたことである。

ゴー首相が引き締め路線に転換した後の最初の選挙となった一九九七年一月の総選挙で、人民行動党は国会八三議席中八一議席（得票率は六五・〇％、無投票当選が四七議席）を獲得し、野党は九一年の四議席から二議席へと減った。そして、ゴー首相の最後の選挙となった二〇〇一年一一月の総選挙は、一九九七年を上回る圧勝であった。すなわち、国会定数が一議席増えて八四議席になったが、人民行動党は八四議席中八二議席を獲得し（得票率七五・三％、無投票当選が五五議席）、野党は前回同様に二議席にとどまったのである。注目されるのは、人民行動党の七五・三％の得票率で、これは、一九六八年の八四・四％、八〇年の七五・六％に次ぐ高率であり、無投票当選も五五議席ときわめて高いものであった。

一九九七年と二〇〇一年の総選挙で人民行動党が完勝した理由は、次の点にある。すなわち、少なからぬ国民が、人民行動党が提供した経済発展を評価しながらも、自由主義スタイルを掲げたゴーが首相になったとはいえ、依然として実権をリー・クアンユーが握る人民行動党に、自分たちの希望を聞いてもらえないので、言うだけ無駄である、それどころか大きな不満の声を上げると弾圧される危険性すらある、ならば黙って従うのが最善である、というあきらめの気持ちである。

一九七〇年代、八〇年代に、シンガポールと同様に政権党が圧倒的強さを誇った韓国や台湾やインドネシアなどでは、九〇年代になると野党の台頭や政権交代が起こった。だが、シンガポールはアジアの民主化潮流に背を向けて、ただ一人歴史の時間が一九七〇年代に逆戻りしたのである。シンガポールがアジア諸国の政治潮流に歩調を合わせるには、まだまだ時間が必要だった。

2　保守的な中間層と外国人労働者

保守的なシンガポールの中間層

ゴー時代に、なぜ下からの自由化や民主化運動が起こらなかったのだろうか。アジア政治研究では、韓国、台湾、タイ、インドネシアなどで民主化が発生した要因について、経済成長の結果、登場した都市中間層の存在を最も重要視する。中間層とは、大学教育を受け、企業の中間管理職やホワイト・カラー職、官僚、教員、マスメディア、弁護士や医者などの専門職で働く、比較的に収入が高い人々をさす社会学の概念である。

この集団は政治意識が高く政治的自由を望むと考えられ、アジアの軍政や権威主義体制の国で民主化運動が成功したのは、中間層（とりわけ都市に住む中間層）が民主化運動の先頭に立ったからだとされてきた。

この見方に立つと、人民行動党の支配体制は権威主義体制であり、シンガポールは、アジアだけでなく世界でみても有数の中間層社会となっており、他のアジア諸国に先駆けて民主化運動が起きても不思議ではない。しかし、シンガポールよりも経済発展段階が低く、まとまった数の中間層が形成されていない中国やミャンマーで、民主化運動が発生したのに対して、シンガポールは民主化運動は起こらず、人民行動党の盤石な体制は微動すらしなかったのである。

その原因は、シンガポールの中間層の性格にある。すなわち、シンガポールの中間層は、自由を求めて民主化運動の先頭に立つ「進歩的な顔」だけでなく、経済発展の最大の受益者集団であり、現在の体制の維持を望む「保守的な顔」も持っているからである。

ゴー時代の最後の年である二〇〇四年に、アジア一三ヵ国で各国八〇〇人ほどの国民を対象に、政治社会意識調査を実施した「アジア・バロメーター」がある。それによると、政府に最も期待するものは、「秩序の維持」「物価安定」「政策決定過程で国民の声を聞く」「言論の自由」のうちどれかという質問に、「秩序の維持」は一三ヵ国の平均は四三％だが、シンガポールは六二％と最も高い。他方、「言論の自由」は全体平均が六％なのに対し、シンガポールは三％で下から二番目であった。そして、「合法的なデモに参加するか」との質問は、「決してしない」が全体で五七％のなかで、シンガポールは七四％と最も高い数値であった。

このアンケートが語るように、シンガポールの中間層は、現状維持を志向する保守的性格が強い人々が多数派を占め、彼らは、人民行動党の統治が権威主義的で厳しくても、この政府があってこそ自分たちの現在の豊かな生活があると受け止めたのである。

国民の人民行動党をみる眼

とはいえ、シンガポール国民には中間層だけでなく庶民もいる。人民行動党の一党支配が続く要因の考察は、国民全体に拡げて考えてみる必要がある。人民行動党に対する政治意識や態度に基づいて、国民を大きく四つのグループに分けてみてみよう。

第一グループは、人民行動党批判を明確にし、表立って批判行動をする人々である。一九八〇年代以降の時期は、労働者党書記長ジェヤレトナム、シンガポール民主党書記長チー・スンジュアンなど、一部の野党政治家がその代表であり、彼らは選挙などの際に人民行動党を手厳しく批判した人たちでもある。

第二グループは、表立った政治活動はしないが、選挙の際に確信的に人民行動党批判票を投じる人々である。このグループは、シンガポールの成長成果の配分から取り残された下層階層、英語社会化に不満を持つ華語教育信奉者、それに人民行動党の権威主義統治を批判する、英語教育を受けた一部の市民社会運動家や知識人からなる。

第三グループは、政治的無関心の人々である。このグループは旧世代の高齢者から、新世代の中間層多数派まで、幅広い階層からなっている。彼らが政治的無関心である理由は一様ではなく、そもそも政治に関心がない無関心派から、人民行動党が供給した豊かな消費生活を享受する私生活派、政治への関心はあるが政治的発言をすると政府の抑圧を受けるので、政治と距離を置く自己規制派までさまざまである。

第四グループは、人民行動党の統治や政策を評価して積極的に支持する人々である。このグループは人民行動党の厳しい国民管理を、東南アジアの荒波のなかで小さな多民族社会が生きていくには必要であると容認し、人民行動党の経済開発がもたらした高い経済水準を評価している。

四つのグループの比率を示す正確な統計はないが、これまでの選挙結果から推測すると、第一グループは数パーセント、第二グループが約二〇パーセント、第三グループが約五〇パーセント、そして、第四グループが約三〇パーセントになる。結局、第一グループの行動は背後に国民の大衆的基盤を持たない、個人的行動にとどまり、一般国民と遊離した運動であった。そのため政府に簡単に抑圧されて、現実を変革する力にはならなかったのである。アジアの多くの国で政治的自由を求める運動が起こったなかで、シンガポールは多くの国民が政治的自由よりも、人民行動党による経済開発と成果の配分に、より関心があったがために下からの運動が起こらなかったのである。

閣僚給与の大幅引き上げ

ゴー時代にも人民行動党の支配体制は安泰だったが、しかし、支配者集団内部から人民行動党の統治体制を大きく揺さぶる出来事が起こった。

ゴー政権の誕生から一年も経たない一九九一年九月に、ゴー政権を支える有力閣僚のトニー・タン教育相とダナバラン国家開発相の辞任が発表された。二人は、リーが後継首相候補に挙げた四人に含まれる政治家だが、タンは経済界（銀行）に復帰し、ダナバランは自分で事業を始めたいというのが辞任の理由であった。一九九三年には、ヨー国防相も政治家を辞めて市民生活に戻りたいとの意向を表明した。ただ、タンの辞任後、リー・シェンロンとオン・テンチョンの二人の副首相がともに、軽症のがんに罹っていることが明らかになると、タンはゴー首相の懇願を受け入れて、一九九五年に国防相に就任して閣僚に復帰し、ダナバランも政府機関の経営責任者ポストに就いた。

しかし、立て続く閣僚の辞職にゴー首相は、シンガポールは有能な彼らを必要とするのに、きわめて由々しい事態であると嘆いた。そして、これが国家指導者を確保するための次の措置へとつながり、その施策が国民の間で大きな議論と批判を呼ぶことになる。

一九九四年一〇月に、「有能で正直な政府のための競合的給与に関する白書」という長いタイトルの法律が成立した。これは、有能な国家的人材が民間企業などで働くことをあきらめて、政治家として国家運営を担ってもらうには、自己犠牲に対する相応の報酬が必要であるとして、閣僚や高級官僚の給与を大幅に引き上げるものであった。

その際に参考にしたのが、民間の銀行家、弁護士、外国企業の専門経営者などの六つの職種の高給所得者上位四人、合計二四人の所得で、彼らの年間平均所得を算出して、その三分の二を最も等級の低い閣僚の所得、そして、首相はその二倍としたのである。この六つの職種を選んだ理由は、銀行家が最も閣僚の仕事に類似し、他の職種も経営者能力が要求されるからだとした。また、首相の給与を一番低い閣僚の二倍にしたのは、シンガポールの将来は首相の肩にかかっており、他の政治家とは比べものにならない激務だからであると説明された。

この結果、首相の給与は五五万二〇〇〇シンガポールドルから、まず一一四万八〇〇〇シンガポールドル（八三八〇万円）に引き上げられ（一九九四年当時のシンガポールの一人当たり国民所得三万シンガポールドルの約五三倍）、その後も段階的に引き上げられて最終的には一六〇〇万シンガポールドル（一億一六八〇万円）まで引き上げられることになった。

この措置に対して、野党や一部の国民から高額過ぎるとの批判が起こったが、政府は必要な措置であるとして、批判を撥ね付けた（ただしゴー首相は国民の批判に配慮して、最初の五年間は引き上げ分を返上）。

この一件が語ることは、人民行動党体制における国家運営（政治家）とは、社会のさまざまな集団の利害調整ではなく、企業経営と同様に専門家能力に秀でた者が効率性と合理性を原理に運営するものであるということである。このため一部の研究者は、シンガポールを「行政国家」や「経営者国家」と呼んでいる。

外国人労働者の管理

他方で、ゴー時代には国内における外国人労働者の活用も本格化した。すでに、一九七〇年代後半にシンガポールは労働力不足に陥ったが、第4章でみた産業構造高度化政策は、その対応策の一つであった。しかし、産業構造がどんなに高度化しても、建設業などで働く単純労働者は不可欠である。問題は、シンガポールが豊かになり多様な雇用機会が出現すると、国民はキツイ、汚い、危険な仕事をしたがらなくなることである。これに対する政府の解決策は、大規模な外国人労働者の導入だった。

都市社会シンガポールは、かなり早い段階から外国人労働者に依存しており、労働者総数に占める外国人労働者（日系企業の日本人社員などホワイト・カラーも含む）の比率は、一九七〇年が一一・二％、八〇年が一一・四％と、一〇人に一人が外国人労働者であった。それが、ゴー時代が始まる前年の一九九〇年に一六・一％に、二〇〇〇年には二九・二％に急増して、ほぼ一〇人に三人を外国人労働者が占めるようになった。

注目されるのは、政府が外国人労働者に対して、能力別に三つのカテゴリーを設けて待遇と管理を使い分けたことである。

第一カテゴリーは、建設業、製造業、サービス業（メイドなど）で働く、月収が一八〇〇シンガポールドル以下（二〇〇五年現在）の未熟練労働者を対象にした「ワーク・パーミット（労働許可書）」である。これは二年間の就業ビザで（更新可能）、雇用主は一人五〇〇〇シンガポールドルの保証金を政府に収め（帰国時に返還）、家族同伴は認められない。メイドは半年ごとに妊娠検査を義務付けられ、妊娠すると強制送還される。また、シンガポール人と結婚を望んだ場合、労働省の許可を必要とする。政府が、このタイプの外国人労働者を厳しく管理しようとしたのは、彼らの定住によってシンガポールの知的水準が低下することを懸念したからである。

第二カテゴリーは、外国企業で働く中間管理職、専門技術者、大学や研究機関などで働く研究者、弁護士、医者、会計士など、月収二五〇〇シンガポールドル以上（二〇〇五年現在）の専門知識や技能を持つ者を対象にした、「エンプロイメント・パス（雇用許可書）」である。このタイプの労働者は、保証金の必要はなく、退職時までシンガポールで働くことや家族同伴が認められ、シンガポール人との結婚も自由で、永住権を取得してシンガポールにとどまることが期待されている。

第三カテゴリーは、二〇〇四年から新たに導入された労働許可書と雇用許可書の中間の「S許可書」である。このグループは、月収一八〇〇シンガポールドル以上の看護師や中級技術者を対象にしたもので、このうち、月収が二五〇〇シンガポールドル以上の者のみ家族を同伴できる。

二〇〇五年時には、労働許可書保持者が五八万人（主な内訳は、建設労働者が一二万五〇〇〇人、非建設労働者が二六万五〇〇〇人、メイドが一六万人）、雇用許可書保持者が六万五〇〇〇人、S許可書保持者が二万五〇〇〇人となっている。

こうした外国人労働者のなかでも、労働許可書保持者に対する規制と管理は最も厳しい。このカテゴリーの労働者の雇用者は、政府に毎月約二五〇シンガポールドルの雇用税を収めなければならないが、他の二つのカテゴリーにその義務はない。また、企業が労働許可書保持者を雇用できる人数も、業種によって異なるが、シンガポール人従業員との比率が設けられている。たとえば、建設業の場合、シンガポール人労働者一人につき外国人労働者五人、製造業の場合、シンガポール人労働者一人につき外国人労働者一人といった割合である。

政府が労働許可書保持者を厳しく管理するのは、不景気の際に最初に解雇する雇用の調整弁とみなしているためでもあり、実際にシンガポール経済が不況に陥ると、最初に解雇されるのがこの労働許可書保持者の外国人労働者である。

さまざまなカテゴリーからなる外国人労働者のうち、日常生活においてシンガポール国民と最も密接な関係にあるのが、共働きのシンガポール人家庭で働くメイドたちである。政府が外国人メイドの雇用を認めたのは一九八七年のことで、シンガポールの労働力不足により共働き夫婦が増えて、高齢の親や幼い子どもの面倒をみることが難しくなったからであった。

現在メイドは一七万人ほどおり、出身国はフィリピン、インドネシア、スリランカ、ミャンマーなどである。他のカテゴリーの外国人労働者はシンガポール人労働者と同様に、雇用法による労働時間や残業時間の制限の適用を受けるが、メイドは、勤務形態が特殊であるとの理由により雇用法は適用されていない。そのため、給与や労働時間は雇用主との話し合いで決まり、給与はフィリピン人の場合、月給三五〇シンガポールドル（約二万三八〇〇円）が相場だと言われている。ただ、雇用条件などをめぐって、しばしば問題が生じている。たとえば、メイド側からは、雇用主からのセクシュアル・ハラスメント、仕事の時間が長い、約束した休日を与えられない、給与が約束より少ない、雇用主側からは、メイドが子どもを虐待するなどといった問題である。

ともあれ、シンガポール政府は、国民を学業成績によって選別したように、外国人労働者も技能（能力）によって異なる扱いをしているのである。建設労働者やメイドにとり、仕事の内容はきつく管理も厳しいが、シンガポールは自国と比べると賃金が高く、出稼ぎを希望する者は多い。これはある意味で、イギリス植民地時代にアジア各地から出稼ぎ目的で多くの移民がやってきたのと、ほとんど同じ構図である。時代は変わっても、シンガポールは近隣諸国の人々に労働機会を提供する豊かな島なのである。

ただ、現代は植民地時代と比べると明確な違いもある。それは、無制限に外国人労働者を受け入れるのではなく、二つの原則が設けられていることである。一つは、多くの外国人が国内に居住すると、政治社会混乱や治安問題が起こる可能性があるため、外国人労働者の比率に上限を設けていることである。その目安は現在の三〇%ほどである。もう一つは、シンガポールが華人、マレー人、インド人で構成される社会なので、この民族バランスを壊さないために、外国人労働者はアジア系民族に限定されていることである。そのため、たとえば、アフリカ系の外国人労働者は認められない。本来、外国人労働者は政治とは関連が薄い存在だが、小さな都市社会では政治社会的配慮も不可欠なのである。

3　アジアへの経済接近

中国の成長と地域経済圏

ゴー時代には、経済分野では、冷戦体制の終焉によるアジア諸国の経済協調機運の高まり、アジア後発国の開発にともなう新しい経済機会を活用した成長戦略が打ち出された。

これまでは、先進国企業をシンガポールに誘致し、国内で生産した製品を世界に輸出することがシンガポールの開発戦略であり成長パターンでもあった。ゴー時代になると、これに加えて、シンガポールからの海外投資、とりわけ成長著しいアジア新興国への投資が本格化して、アジアに接近していく。

シンガポールのアジアへの経済接近は、一九九〇年代に新たに登場したアジアの二つの経済現象が背景にあった。

一つは、一九九〇年代に、インドやベトナムなどアジア後発国の開発が本格化したことであり、なかでも目覚ましい発展を示した中国の存在である。一九四九年の建国以来、中国は一貫して計画経済を原理に一国型開発を進めてきたが、七八年末に鄧小平が改革開放路線を打ち出して、先進工業国とリンクする経済体制へと舵を切った。新たな経済原理は「社会主義市場経済」と呼ばれ、これ以降、中国は急成長していく。

もう一つは、一九九〇年代になると、アジア各地に地域経済圏ができてきたことである。冷戦の終焉前後から、中国をはじめ社会主義国は共産党の支配体制を維持しながら、自由主義国と連携して開発を進める戦略へと転換し、欧米先進国だけでなくアジアの自由主義国にも接近した。この結果、アジア各地で社会主義国と自由主義国の組み合わせからなる地域経済圏が誕生する。シンガポールは、この新しい経済状況に素早く反応して、アジアの社会主義国や後発国に、政府主導による大型インフラ開発投資を行ったのである。

成長の三角地帯

政府主導の大型アジア投資の第一号は、一九八九年に当時のゴー副首相が提唱して、シンガポール、北のマレーシアのジョホール州、南のインドネシアのリアウ州の三ヵ国で一つの経済単位となる「成長の三角地帯」である。

シンガポールのねらいは、外国企業の進出により労働力や工場用地が不足したので、それが豊富なマレーシアとインドネシアと一つの経済圏を創り、シンガポールの資本と技術、両国の土地と労働力を結合させて、さらなる経済発展を進めることにあった。このシンガポールの思惑にマレーシアとインドネシアが応えたのは、両国ともに遅れていた地方開発を、シンガポールを利用して進めようとしたからである。さらには、成長の三角地帯には政治的効果も期待できた。第4章でみたように、シンガポールの生存は、第一義的にマレーシアとインドネシアとの共存関係の構築にかかっているが、経済の緊密化はそのまま政治の緊密化につながるからである。

成長の三角地帯の目玉となったのが、シンガポールから南へフェリーで三〇分ほどのインドネシア・リアウ州のバタム島（シンガポールの五分の三ほどの面積）の工業団地開発、シンガポール島東端のチャンギから南へ一時間ほどのビンタン島北部のリゾート開発であった。とりわけ、シンガポールが力を入れたのが、ジュロン工業団地とほぼ同じインフラ設備を備えたバタム工業団地開発だった。インドネシア側はスハルト大統領の政商であるサリム・グループ（六〇%出資）、シンガポール側は政府系企業のシンガポール・テクノロジー社（三〇%）が参加して行われた。

バタム島北部のジャングルを切り開いて建設されたバタム工業団地には、シンガポールに進出していた日系企業やアメリカ企業、それにシンガポール企業など八〇社ほどが、工場の移転や新規進出を行った。ジャワ島などから出稼ぎで来た、若いインドネシア人女性が寮生活をしながら労働力を提供して操業が始まると、一九七〇年代初めには人口六〇〇〇人ほどの漁業中心だったバタム島は、二〇〇〇年には約七〇万人が住む工業の島に変貌する。

ただ、成長の三角地帯は、主なプロジェクトがバタム工業団地開発に限定されたこともあり、当初シンガポールが期待したほどに経済効果をもたらさなかった。また一九九〇年代末にはスハルト大統領が退陣したため政治効果もあまりなかった。しかし、成長の三角地帯は、これ以降のアジア投資の先鞭《せんべん》になったのである。

中国への投資

シンガポールは、リー時代の一九八〇年代中頃から、シンガポール企業が世界市場に投資する戦略を打ち出し、これを「グローバリゼーション」と名付けていた。一九九〇年代に中国、インド、ベトナムなどアジア新興国の開発が本格化すると、これら諸国への投資を呼びかけ、これを「ローカリゼーション」と呼んだ。ローカリゼーション戦略によるアジア投資の目玉が中国であった。

中国は、一三億の人口と巨大市場を持つ国であり、世界中の国々が中国投資をめざしたが、シンガポールは他の国に比べて優位点があった。あらためて申すまでもなく、国民多数派の華人が中国の歴史文化に通じ、華語や中国語方言を使って中国ビジネスができたからである。

先述したようにシンガポールは一九六五年の分離独立当初は、マレーシアやインドネシアから東南アジアの一員として認めてもらうために、非中国的な国創りを進めていた。一九七〇年代末には華人が中国語方言を使うことを止める言語政策が採られたりもした。だが、冷戦終焉にともない東南アジア諸国の間で中国的なものに対する拒絶感が弱まると、一転して華人性を前面に出して、経済発展に利用したのである。ただ、民間企業（華人企業）には単独で中国投資をする力を持つ企業が少なく、政府が先頭に立つ官民一体方式で、シンガポールの得意なインフラ開発投資が中心となった。

一九九四年二月二六日、シンガポール政府と中国蘇州政府の合弁による蘇州工業団地開発プロジェクトが調印された。これは二〇〇億ドル規模の資金を投資する一五〜二〇年の長期プロジェクトで、リー・クアンユーと鄧小平のトップ会談で合意したものである。シンガポール側が資金の六五％を出資し（中国側が三五％）、七〇平方キロ規模の土地に工業団地、商業地域、住宅、公園などからなる人口六〇万ほどの都市を作り、工業団地の入居企業の誘致や、入居後の運営もシンガポール側が責任を持つというものである。

シンガポール側の参加企業は合計二四社からなったが、参加企業に官民一体方式がよく表れていた。すなわち、資本タイプ別にみた出資比率は、政府系企業（準政府機関系企業を含む）が四二％、華人企業が同じく四二％、外国企業が一六％だったからである。ただ、その後、プロジェクトは、蘇州政府の変節などによってシンガポールの期待どおりには進まず、二〇〇一年に出資率を三五％に、リー・シェンロン時代の〇八年には、さらに二八％へと減らした。しかし、紆余曲折があったものの、二〇〇八年には三〇〇〇社を超す外国企業が蘇州工業団地に入居して、シンガポールの面目が何とか保たれた。シンガポールは、インドネシアに次いで中国にも経済的足場を築いたのである。

インドへの投資

しかし、政府が先頭に立った中国投資はシンガポール国内、とりわけインド人社会やマレー人社会の間で波紋を呼んだ。これまで政府は、シンガポールには華人もマレー人もインド人もいない、存在するのはシンガポール人だけだという種族融和政策を強調してきた。だが、中国投資ではシンガポールの華人性（民族）を強調したからである。こうした批判に対して政府は、経済発展のために利用できる国内資源は民族であろうと何でも活用する、華人は中国に投資し、インド人はインドに投資するというもので、インド人企業家にインド投資の呼びかけを行った。

この方針のもと、一九九六年にインドとシンガポールが共同で、南インドのバンガロールに六億七〇〇〇万シンガポールドルを投資して（シンガポールの出資率は四〇％）、情報技術工業団地を建設することが合意された。インド側の参加企業は同国最大の名門財閥のタタ・グループ、シンガポール側は準政府機関系企業とインド人企業で、これは中国の蘇州工業団地開発に参加した企業のかたちとほぼ同じである。

これ以外にも、政府はインドのハイデラバードやチェンナイなどでもハイテク工業団地開発の投資を行い、また、政府投資機関のテマセク・ホールディングス社が多様な分野で積極的な間接投資を開始した。

国家主導型インフラ開発の「輸出」

工業団地開発は中国の蘇州を第一号に、その後、無錫《むしゃく》、杭州、天津などの都市に拡がり、また、ベトナム、インド、ミャンマー、フィリピンなど、他のアジア新興国でも行われた。

これらのアジア投資は、一九六〇～七〇年代に国内で進めたインフラ開発が中心であり、蘇州工業団地は一九六〇年代に造成されたジュロン工業団地がモデルとなった。こうした投資は、シンガポールの国家主導型インフラ開発のアジア新興国への輸出を意味したが、さらに「頭脳」も輸出された。

シンガポールの経済開発を演出したゴー・ケンスィーが、一九八四年総選挙を機に政界を引退すると、シンガポール型経済開発を進めようとしていた中国が、翌年にゴーを経済開発顧問に迎え、また、九〇年末にリー・クアンユーが首相を退任すると、ベトナムがリーを開発顧問に迎えたい意向を表明したのである。リーはこの申し出を断ったが、こうした出来事は、シンガポールの国家主導型開発が、アジア後発国から高く評価されていることを意味している。シンガポールが反共国家であるにもかかわらず、中国、ベトナムという社会主義国から開発顧問の就任を要請されたことは、開発が政治体制やイデオロギーとは無関係な営為であることをよく物語っている。

貿易相手国が語るもの

リー時代の一九八九年に始まった成長の三角地帯を端緒に、ゴー時代になると、それまでの欧米諸国や日本など先進国に加えて、アジアがシンガポール経済のもう一つの成長のエンジンになった。

これを如実に示すのが、貿易相手国である。一般的に投資と貿易は密接な関係にあり、投資が増えると貿易も増えるという相関関係にある。ある国との貿易が増えることは、経済関係が深まったことを示す指標の一つとみなすことができる。

リー・シェンロン時代の二〇一〇年のシンガポールの貿易（輸入と輸出）相手の上位一〇ヵ国は、マレーシア（一一・八％）、EU（一一・〇％）、中国（一〇・六％）、アメリカ（八・七％）、インドネシア（七・五％）、香港（六・七％）、日本（六・二％）、韓国（四・九％）、台湾（四・七％）、タイ（三・五％）の順番である。このうち、マレーシアとインドネシアは植民地時代からの伝統的相手国、EU、アメリカ、日本が工業化時代に登場した先進工業国、そして、中国、香港、韓国、台湾、タイがゴー時代以降に増えたアジアの国である。

このリストからわかることは、現在、シンガポール経済の主な相手が、アジアと欧米の二つの地域ということだが、これは植民地時代と同じである。

第6章　リー・シェンロン時代——二〇〇四年～

リー・シェンロン時代は、ゴーの後継者としてリー・シェンロンが首相に就任した二〇〇四年から現在までの時期である。リー・シェンロン時代は、ゴー時代と同様に人民行動党の厳格な一党体制が維持され、経済もアジア投資路線が継承された。しかし、シンガポール社会の世代交代が進み、国民の意識が変化すると、二〇一一年総選挙で人民行動党は苦戦し、リー首相は統治スタイルと国民との関係の根本的見直しを迫られることになる。

現在、シンガポールは、経済発展路線を維持しながらも、政治分野では、人民行動党はどのように国民に受け入れられる運営をしたらよいのか、模索の時代に入ったのである。

本章は、リー・シェンロン時代の政治と経済運営、二〇一一年総選挙をめぐる動き、それに今後のシンガポールの展望を考える。

1 「リー王朝」批判と管理政治

リー・シェンロン首相の登場

二〇〇四年八月一二日、ゴー首相が退任し、リー・クアンユーの長男リー・シェンロン（五二歳）が新首相に就任した。首相交代は、ゴー首相の失政や高齢が問題だったからではない。ゴー時代の最後の二〇〇一年総選挙は歴史的圧勝であり、ゴーはまだ六三歳だったたからだ。一九九〇年のリー・クアンユーからゴーへの首相交代が、早めに世代交代を進めて国家運営をスムースにすることが目的だったのと同様に、今回も余裕をもって行われたもので、周到に準備された交代であった。

リー新首相は一九五二年生まれで、子どものときから父親リー・クアンユーの教育方針で華語教育学校に通い、家では家庭教師からマレー語を学び、英語、華語、マレー語の三つの言語に堪能である。高校卒業後、国家奨学金（大統領奨学金と国軍海外奨学金）を受給してイギリスのケンブリッジ大学で数学を専攻し、一九七四年に帰国すると国軍に入隊し（ただし、形式的には高校卒業後の七一年）、七九年にアメリカのハーバード大学で行政学を専攻した後、

リー・シェンロン　首相就任式で，2004年

国軍ナンバー3の准将まで上り詰めた。

一九八四年に政治家に転身して国会議員になると、すぐに国防担当国務相に就き、八七年には通産相を務める。ゴー政権が誕生した一九九〇年には副首相に就任し、この他にも財務相や中央銀行に相当する金融管理庁長官を兼任し、また、人民行動党内でもナンバー2の第一書記次長の要職に就くといった、超エリート

である。

リー新内閣の人数は、ゴー内閣の一七人から二〇人に増えて歴代内閣で最大規模となった。新首相がさまざまな課題に多くの閣僚で対処しようと考えたからである。新首相を支えるのは、ベテランのトニー・タン副首相と新任のジャヤクマール副首相（法相兼任）の二人で、主要閣僚には、ジョージ・ヨー外相（五〇歳、以下すべて二〇〇四年当時）、リム・フンキアン通産相（五〇歳）、テオ・チーヒエン国防相（五〇歳）が就いた。

リー新首相、ヨー外相、リム通産相、テオ国防相の四人は、ほぼ同じ時期に国家奨学金を受給し（全員が最高ランクの大統領奨学金と国軍海外奨学金を受給）、三人がケンブリッジ大学で学んだ仲間である。これは、一九五九年にリー・クアンユー政権が誕生した際に、イギリス留学組の仲間が主要閣僚を占めたのと同様である。

リー新内閣は閣僚二〇人のうち第三世代が一一人を占め、国家運営は第三世代の時代に突入した。しかし、ゴー時代と同様に、第二世代のゴーが上級相、第一世代のリーが、彼のために新設された顧問相に就任して、ベテラン政治家二人が第三世代の運営を見守る体制が採られる。次の世代への早目の首相交代、新世代政権を旧世代指導者が閣内で見守る体制の構築、これはゴー時代とまったく同じであった。

「リー王朝」批判

リー一族　クアンユー80歳の誕生会で，2003年9月16日．左から次男シェンヤン夫妻，長女ウェイリン夫妻，クアンユー夫妻，シェンロン夫妻と孫娘

リー・シェンロンが政界入りした当初から予想されたものとはいえ、リー首相の誕生は、野党や政府に批判的な国民の間で「リー王朝」との批判を招いた。父親のリー・クアンユーが三一年間首相を務めた後、ゴーを挟んで長男にバトンタッチされたからである。

これに加えて、リー政権は、父親のリー・クアンユーが顧問相、弟のシェンヤンが、大統領奨学金を得てイギリスのケンブリッジ大学で工学を学び、帰国後、兄と同様に国軍に勤務後、一九九五年から最大の政府系企業シンテル社会長に就任していたこと、また、リー・シェンロン夫人のホー・チンが、二〇〇二年に政府系企業の持株会社テマセク・ホールディングス社の経営責任者に就任し、リー一族が政治と経済の要職を独占したことにあった。

これはリー王朝と呼べるものだが、リー・クアンユーと人民行動党は、批判に対して、シンガポールは能力（学業成績）に秀でた者が国家運営を担うことが原則であり、リーの息子が首相になったのは血縁ではなく本人の能力のゆえであると反論した。それどころか、もしリー・シェンロンがリー・クアンユーの息子でなかったならば、もっと早く首相になっていた、とも付け加えたのである。

たしかに、学歴に優れた人物を統治者とする原則は、一九五九年の人民行動党政権の誕生から一貫しており、リー一族の第二世代はその「資格」が十分にある。大半の国民は、リー新首相の誕生を納得とあきらめが入り混じった感情で受け止めた。

二〇〇六年総選挙

満を持して登場したリー首相は、就任直後の記者会見で、新政権の目標として、政府の統治が国民に開かれた包容力あるものであることをめざすとしたうえで、いまやシンガポール社会の多数派になった若い世代の要望や熱情に応えること、三〇歳代、四〇歳代の国民のなかから次期国家指導者を選抜・育成すること、経済の活力と競争力を維持して、国民生活を豊かにし続けることの三点を挙げた。

さらには、これまでの成長一本槍路線から、「ゆとり」を重視する路線への転換をめざすとも述べた。リー首相の抱負には、ゴー首相の就任時の抱負と同様に、リー・クアンユー時代とは社会や国民の意識が変化しており、政府の政策や統治スタイルも自ずと違ったものにならざるを得ないとの認識がうかがえた。

しかし、リー首相のソフト路線の演出にもかかわらず、多くの国民は、超エリートの首相は、父親と同じ権威主義統治スタイルに依拠する「ミニ・リー・クアンユー」というイメージで受け止めた。その論拠となった一つが、リー首相の就任直後の記者会見における、「もし、国会に一〇人や二〇人の野党議員がいたならば、シンガポールが進むべき適切な方向を考えるのではなく、野党をどのように抑え込むかだけを考えることになる」という発言であった。この言葉の裏には、リー・クアンユーと同様に、国会に野党は不要であるとの考えがあり、国会に一定数の野党議員がいることを容認したゴー前首相の発言とは、きわめて対照的であったからだ。

リー新首相が、父親と同じ権威主義統治スタイルを採ると国民が受け止めていたことを示すものとして、ゴー首相の退任、リー・シェンロン新首相の誕生が周知の事実となった二〇〇三年に、シンガポールのインターネット上で行われた、もし首相を公選で選ぶとしたら誰に投票するのかについての「仮想首相公選」がある。

結果は、第一位が退任するゴーで四五九九票（三九％）、第二位がトニー・タン副首相で二二六九票（一九％）、第三位がヨー外相の一四七七票（一二％）で、リー・シェンロンは第四位の一四二四票（一二％）にとどまった。この投票に参加したのは、インターネット世代と呼ばれる若い人々だが、上位三人は全員がソフトな統治スタイルが人気を集めている政治家であった。

実際に国民がリー首相をどう受け止めているか、それを知る機会になったのが、就任から二年後に行われた二〇〇六年五月の総選挙である。

結果は、人民行動党が国会八四議席中八二議席を獲得し、野党は二議席（ともに小選挙区）にとどまり、前回の二〇〇一年総選挙の結果とほぼ同じであった。ただ、人民行動党の得票率が、前回の七五・三％から六六・六％に低下し、無投票当選者も五五議席から三七議席に減少した。だが、前回選挙での数字が高過ぎたこともたしかである。

選挙結果は、自由化路線を掲げたゴー首相の就任後の最初の一九九一年選挙で、野党が四議席を獲得したものとは大きく違っていた。国民はリー新首相の統治スタイルに不満を持ちながらも、野党は信頼に足る勢力ではなく、また、投票義務制なことから、人民行動党に投票する以外の選択肢はなかったのである。シンガポールは、人民行動党の権威主義的統治と厳しい管理が、まだまだ続くように思われた。

政治社会の構造変容

しかし、総選挙での人民行動党完勝の裏で、シンガポールの政治社会には歴史的な地殻変動が起きていた。

シンガポール生まれの国民の比率は、すでに第二次世界大戦直後の一九四七年に五六・一％と半分を上回り、移民社会から定住社会への転換が始まっていたが、リー首相が就任する少し前の二〇〇〇年には、シンガポール生まれが八一・七％、中国生まれ（含む香港・台湾）が五・〇％、マレーシア生まれが九・四％、インド生まれが一・九％となり、シンガポールは完全に定住社会となっていた。また、国民の職業も、人民行動党が精力的に進めた経済開発により、一九八〇年代になるとホワイト・カラー層中心へと転換していた。

一九九三年にシンガポールの代表的英字紙『ストレーツ・タイムス』が、五〇三人の国民を対象にした中産階層に関する意識調査を行った。回答者は、家族全員を合わせた月収が二〇〇〇シンガポールドル以上で、三〜四部屋の公共住宅団地に住み、家族のうち少なくとも一人が大学教育を受けていれば、その家族は中産階層に属するとみなすとし、七五％が中産階層に属すると回答している。

これを職業でみてみよう。リー首相が就任した翌二〇〇五年のシンガポールの総労働人口（シンガポール国民）は二二七万人だが、このうちシンガポール政府が中産階層とみなしているのは、経営・管理職（一〇・八％）、専門職（一〇・五％）、技術職（二六・〇％）で、合計は三七・三％だった。ただ、他国の統計では販売・サービス職（一一・九％）も中産階層に含まれていることが多いので、それも含めると合計で四九・二％になる。他方、非中産階層の工場労働者は三七・一％であり、社会全体では中産階層の比率が上回っている。所得でみると、二〇〇五年のシンガポール労働者の平均月給は約二八〇〇シンガポールドルだが、中産階層の平均月給は四六〇六シンガポールドルと、平均よりも六五％ほど高い。

政治研究では中産階層は中間層とも呼ばれるが、人民行動党をみる中間層の目は厳しい。一九九八年に『ストレーツ・タイムス』は一〇七五人の国民を対象に政治意識調査を行った。それによると、「政府に統治能力がある」という質問には八八％がイエスと回答しているが、「政府は自分たちの生活に関わる政策について意見をよく聞く」の質問に、イエスと回答した者は二二％にとどまっている。「言論の自由がない」という質問には四一％がイエスと回答し、大卒者に限ると五一％にもなる。そして、「マスメディアは中立」という質問には、イエスは一九％なのに対して、四六％がノーと回答し、これも大卒者に限るとノーが五八％にも達する。中間層の人民行動党政治への不満は高まっていた。

曲がり角にきた管理政治——市民社会運動の発展

問題は、中間層の政治行動様式がどのようなものかにある。

第5章でみたように、ゴー時代は中間層が人民行動党が提供した豊かな消費生活を享受する、政治的には現状維持の保守的な人々が多数派だった。しかし、国際的にみられる中間層のもう一つの顔、つまり自由を求める行動に変化が生まれようとしていた。

人民行動党は、政治安定を達成して国民生活が豊かになった一九八〇年代、九〇年代にも、常に五〇年代、六〇年代の政治経済混乱を引き合いに出して、厳しい政治管理が必要であると説いてきた。この言説は、移民世代やマレーシア時代の混乱を知る年配国民には通用してきた。だが、豊かな時代に生まれ育った若い中間層世代に受け入れられることは次第に難しくなってきていた。

すでにゴー時代の一九九〇年代後半から、人民行動党の厳しい政治管理にもかかわらず、市民社会運動が生まれ始めていた。市民社会とは、国民が自発的に、自立的な活動を行う社会諸団体の活動領域のことだが、具体的には、同窓会、文化愛好会、親睦団体、NGOなどのことである。リー・クアンユー時代には、市民社会団体が政治的要求を掲げ、それを実行に移すと、一九八七年のマルクス主義者陰謀事件のように厳しい取り締まりの対象になった。それがゴー時代になると、市民社会団体の活動が活発化し、政治領域に足を踏み入れた市民社会団体も登場したのである。

市民社会団体の活動は、政府に対して政策提言を行うことから始まった。一九九〇年に若いマレー人専門家を中心に設立された「イスラーム知識人協会」は、マレー人の経済社会的地位を改善する独自の計画を策定して政府に要望書を提出する。また、一九八五年設立の女性の権利向上をめざす「行動・調査女性協会」や、九一年設立の「シンガポール自然協会」は、積極的な政策提言を行うようになっていた。

これらは、穏健で非政治的な市民社会団体だが、政治領域に足を踏み入れた市民社会団体も登場する。一九九四年に大学教員やジャーナリストなどからなる知識人二五人が、政治政策を討議することを目的に政治的に中立の「ラウンドテーブル」を設立して、新聞などに意見を発表した。一九九九年にはラウンドテーブルのメンバーのジェームス・ゴメスが、一人で「シンク・センター」を創り、当初はビジネス組織として登録したが、二〇〇一年にNGOとして登録し直し、民主主義、法の支配、人権、市民社会の問題を積極的に国民に提起し、野党や他の市民社会団体と共同で集会などを開催したのである。

ゴー時代に活発化した市民社会運動の高まりを受けて、リー・シェンロン時代には、インターネットが国民の間で広く普及すると、それを利用して国民が自由な意見や情報を交換するようになる。世界銀行の『世界開発指標』によると、二〇〇七年の世界各国のパソコンの所有者とインターネット利用者の平均は、パソコン所有者が一〇〇人につき一五・三人、インターネット利用者が二一・八人である。日本はインターネット利用者が六九人だが（所有率は不明）、シンガポールは所有者が七四・三人、利用者が六五・七人である。EU諸国の場合、所有者が五五・五人、利用者が五九・二人なので、シンガポールは世界的にも高い。

第4章でみたように、人民行動党は新聞やテレビなどマスメディアを実質的に政府の管理下に置いて政治情報を規制しているだけでなく、インターネットを利用した政治的意見の表明も規制している。

たとえば、政党のサイトや、政治、宗教、民族などの問題を扱うサイトの発信者は、政府に事前登録が義務付けられ、内容も政府に規制・検閲される。また、総選挙期間中は登録された政党以外のホームページを利用した政治活動が禁止されている。

しかし、国民は規制の隙間をかいくぐってインターネットを利用し、政府発表とは違う情報や政府批判の意見を書き込み、直接に情報交換や意見交換をするようになっていった。二〇〇六年総選挙で人民行動党が圧勝したとはいえ、シンガポールの政治社会は、若い世代を中心に人民行動党の管理支配に対する不満が、何かをきっかけに噴出する状況ができつつあったのである。

イスラーム過激派運動の台頭

ゴー時代の末期から、シンガポールの治安問題についても変化が起こっていた。これまで人民行動党政府にとって国家の脅威（反政府集団）は、一九六〇年代は共産系グループ、八〇年代は英語教育の市民社会運動グループだったが、九〇年代後半になると、一部のイスラーム過激派集団が最大の治安対象に浮上したのである。

一九九〇年代後半に中東でイスラーム過激派運動が台頭すると、その影響を受けてインドネシア、マレーシア、シンガポール、フィリピン南部、タイ南部の東南アジアのイスラーム社会で、一部の過激派による武力運動が始まった。東南アジアのイスラーム過激派組織の一つが、一九九三年にインドネシアで結成されたジュマー・イスラミヤ（JI）で、シンガポールの一部のマレー人も参加した。

ゴー時代の二〇〇二年早々に政府は、アメリカで〇一年に発生した九・一一テロの影響を受けて、前年一二月に国内の米軍施設などへのテロを計画した一五人（うち一四人がシンガポール人）を国内治安法で拘束したと発表した。さらに、二〇〇二年九月には、仲間が逮捕されたことに対する報復として、シンガポールの空港や国防省、政府関連施設に対するテロを計画した二一人（一九人がJIメンバー、二人がフィリピンのモロ・イスラーム解放戦線関係者）を国内治安法で拘束する。その直後の二〇〇二年一〇月に、インドネシアのバリ島で観光客をねらった大規模テロ事件が発生し、二〇二人の死者が出る惨事が起こったが、世界各地を舞台にしたこれら一連のテロ活動は、一つの糸でつながっていたのである。

政府の目からすると、シンガポールの治安問題は、もはや共産主義運動でも、英語教育知識人の運動でもなく、イスラーム過激派が取って替わったのである。シンガポールは、イギリス植民地時代から華人を軸に動いてきたが、このことはシンガポールがマレー人もいる多民族社会であること、東南アジアのマレー世界の一部であることをあらためて認識させる契機となった。

二〇〇八年二月には、拘置中のJIの幹部一人が、シンガポール島中央部にある治安局の厳重な拘置所から脱獄する事件が発生して、国民を恐怖に陥れた。政府は、警察と治安部隊を総動員して全島をくまなく捜索したが、発見できなかった。脱獄者は、ジョホール水道を泳いで渡り、マレーシアのジョホール州の田舎に潜伏していたところを、二〇〇九年四月にマレーシア警察当局により逮捕される。この治安当局の失態は、後述する二〇一一年総選挙で人民行動党が苦戦する一因になる。

2　経済の新局面

政府の積極的な海外投資

リー時代にも、成長のための新たな戦略がいくつか打ち出された。ゴー時代と同様に、戦略の主な対象地域はアジアだが、内容が変わり、インフラ開発ではなく間接投資が中心となった。また、娯楽産業のカジノへの参入や、成長の三角地帯の延長線上にある地域開発プロジェクトもマレーシアとの間で始まり、シンガポール経済は新たな局面に入った。

ゴー時代には、アジア新興国を対象にした大規模なインフラ開発投資が行われたが、リー時代には政府投資機関による間接投資が目立った。シンガポールはすでに早い段階から、毎年の財政黒字、中央積立基金の巨額の余剰金、準政府機関や政府系企業の収益の一部などを政府に集め、当初は、中央銀行に相当する金融庁が海外市場で運用していた。それが一九七〇年代半ばになると、テマセク・ホールディングス社と政府海外投資公社が新設され、二つの機関が運用する体制へと変えられた。

海外投資は証券投資、為替投資、不動産投資などが中心で、テマセク・ホールディングス社の運用資産は、一九七四年の設立時の一億五〇〇〇万ドルから二〇〇七年には一〇〇〇億ドルを超え、政府海外投資公社の運用資産も、八一年の設立時の三九億ドルから、二〇〇六年には一〇〇〇億ドルを超えた。

現在、テマセク・ホールディングス社は、資産の三分の一を国内市場、三分の一をアジア市場、三分の一を先進国市場で運用することを原則にしている。これは二〇〇〇年代に打ち出された方針で、それまではシンガポール国内市場が半分ほどだったので、近年はアジア市場を重視していることがわかる。しかも、政府の海外投資は二つの機関の独占ではなく、通信のシンテル社、造船のケッペル・コーポレーション社、不動産のピデムコ社など、有力政府系企業もアジアを中心に積極的な投資を行っている。

ただ、シンガポール政府の海外投資、とりわけ、アジア投資は、投資先国で政治的軋轢や批判を招くことも少なくない。近年の代表例が、リー首相夫人のホー・チンが経営責任者のテマセク・ホールディングス社のタイ投資である。

二〇〇六年一月、テマセク・ホールディングス社は、タクシン首相（当時）一族が所有する通信会社シン・コーポレーション社の株式約五〇%を、七三三億バーツ（約二一〇〇億円）

で購入して筆頭株主になった。同社からすると、これは通常のアジア投資の一つだったが、タクシン一族が株式売却益の課税逃れと思われる行動を採ったこと、買収企業がタイの国家機密に関わる事業を扱っていたことから、タイ国民の間でこの買収に批判が起こった。そのため、同年九月にタクシン首相が失脚しただけでなく、テマセク・ホールディングス社もシン・コーポレーショ社株式の売却を余儀なくされる。これ以降、政府は、アジアが有望な投資先市場であることに変わりはないとしながらも、相手国を象徴する企業の買収や経営支配につながる投資は控えることになる。

カジノ開設問題

リー時代には、娯楽産業のカジノへの参入が行われる。東南アジア諸国が経済発展して国民所得が向上すると娯楽産業の需要が高まり、マレーシアは早くからカジノを開設していたが、タイ、フィリピン、インドネシアなども相次いで、外貨獲得のためにカジノを有力産業として育成し始めた。

それまでシンガポールは「クリーン&グリーン」を売り物にし、リー・クアンユーは、ギャンブルは道徳的腐敗であると否定してきた。だがリー首相は近隣諸国の動きをみて、二〇〇五年に、カジノの開設について政府が判断すると発表する。この発表後、一部の国民や野党は、カジノは犯罪行為を助長する可能性がある、政府が主張する経済的メリットも不明で

カジノを併設したマリーナ・ベイ・サンズホテル　57階建て地上200mの屋上にはプールがあり，シンガポールの新しい観光スポットに

あると批判して、シンガポールでは珍しいことに閣僚、国会議員、経済界、マスメディア、多くの国民を巻き込んで論争が起こった。

賛否両論が渦巻くなかで、二〇〇五年四月にリー首相は、観光地として有名なセントサ島、埋め立ての新興商業地マリーナ・ベイの二ヵ所に、国際会議場、テーマパーク、ホテル、映画館、ショッピングセンター、レストランなどからなる総合リゾートを建設し、その一角にカジノ開設を決定したと述べる。その理由として、もし、シンガポールがカジノを創らなければ観光客が近隣諸国に奪われ、シンガポールの経済的損失が大きいことを挙げた。

マレーシアからの分離直後にリー・クアンユーは、シンガポールが生き残るためには悪魔と貿易してでも経済発展しなければならないという趣旨の発言をしたが、今回の決定もそれと同じ文脈で行われたもので、道徳的是非よりも、生存のためにはあらゆる産業に参入して経済発展しなければならない、という命題が優先されたのである。

二〇一〇年にカジノがオープンすると、アメリカのラスベガス・サンズ社が運営するマリーナ・ベイのカジノは、三つの高層ビルの屋上を船型に結んだ施設群のなかに開設されて観光客の注目を集め、シンガポールの新しい観光スポットになった。ただ、政府は一部の国民やキリスト教団体などから出た、国民がギャンブルに染まるとの懸念や批判に配慮して、カジノ施設の入場料を、外国人は無料、シンガポール国民は一〇〇シンガポールドル（約六八〇〇円）とすることで対応したのである。

イスカンダル地域総合開発

リー・クアンユー時代に成長の三角地帯プロジェクトの一環として、インドネシアのバタム島開発が行われたが、リー・シェンロン時代には、マレーシアとの間で巨大な共同開発プロジェクトが浮上した。二〇〇六年にマレーシア政府が発表した、シンガポールの北に位置するジョホール州の「イスカンダル地域総合開発」がそうである。

これは、ジョホール州南部のシンガポールの三倍ほどの二二一七平方キロメートル、住民数一四五万人（ジョホール州人口の四三％）の地域に、ジョホール州政府庁舎、金融センター、工業団地、病院、研究機関、住宅、リゾート、テーマパーク、港湾や空港などを、二〇〇六年から二〇年間かけて建設するもので、総額三八二〇億リンギ（九兆九三二〇億円）を投資する大型プロジェクトである。

計画によると、ジョホール州の州都ジョホール・バルーを中心に、それを囲む東部、西部、北部地域を総合開発し、二〇一八年を目処にシンガポールの地下鉄とマレーシアの鉄道を直接にリンクさせる案もあり、マレーシアは巨額の開発資金の一部をシンガポールが担う（投資）ことを期待している。一九九〇年代に、香港と陸続きの中国の広東省の深圳《しんせん》が開発されて、深圳が巨大都市になっただけでなく、香港と相互補完関係ができ上がったが、イスカンダル地域総合開発は、計画どおりに進めば、シンガポールとジョホール州南部が一体化した新たな都市・産業空間が誕生することになる。

もちろん、これは計画構想の話でしかなく、実現するには越えるべき障害は数多い。ジョホール州政府との協調だけでなく、しばしば軋轢が発生するマレーシア中央政府との協調関係の構築が何よりも重要だし、これ以外にも、通貨をどうするかといった細かい点などさまざまな問題がある。そのため、不確定要素が多くプロジェクトの行方は定かではない。だが、実現すれば、そして万一、将来シンガポールがマレーシアと再統合する場合、第一歩の経済統合となる。すなわち、一九〇年ほど前にはシンガポールはジョホール州の一部だったが、そのジョホール州との一体化が、再び実現することになるからである。

水問題

国家建設や経済戦略では万能を誇る人民行動党だが、唯一とも言える「弱点」がある。それが水問題であり、これは常に都市国家シンガポールを悩ませている問題でもある。

現在、国内消費量の半分ほどの水を、一九六一年にマレーシアと締結した九九年間有効の供給契約と、九〇年に締結した契約に基づいてマレーシアから購入している。価格は一〇〇〇ガロンにつき三マレーシアセント（セントは、日本の銭に当たる通貨単位で、三マレーシアセントは約〇・一円）で、これは二〇六一年まで有効である。しかし、分離後、マレーシアとの間で軋轢が発生するたびに、マレーシアは水供給停止や水価格の大幅な引き上げを提案（要求）して、シンガポールの怒りと頭痛の種になっている。

そのため、水の自給化は独立国家としてのシンガポールの悲願といえるもので、ゴー時代には下水の再生《ニューウォーター》化が進められ、ゴー首相がニューウォーター（NEWater）を飲んでいる姿がテレビで放映されて安全性を国民にアピールするパフォーマンスを演じたこともある。これ以外にも、シンガポール島の中央部にある貯水池の拡充、島の南側のマリーナ・ベイに淡水湖を建造するなどの措置が講じられてきた。だが、最大の切り札とも言えるのが海水の淡水化である。

現在、政府はこれを精力的に進め、マレーシアとの水協定が失効する二〇六一年より前の完全自給化をめざしているだけでなく、将来は淡水化技術を外国に輸出することも考えている。その成り行きは、約五〇年も先のことなので定かではないが、もし計画どおりに進んだ場合には、シンガポールは宿願の水問題から解放されることになる。

深刻化する少子・高齢化

五〇年後に自給をめざす水問題の明るい話題とは対照的に、リー時代には、少子・高齢化が深刻な問題として影を落とすようになった。国民所得が向上して、福祉制度や医療施設が完備すると、少子・高齢化が進むのは先進国の共通現象だが、先進国並みの所得水準に到達したシンガポールも例外ではない。

一九七〇年のシンガポールの出生率は三・一〇と高く、政府は増加する人口対策として、「子どもは二人まで」というスローガンで人口抑制策を採っていた。しかし、一九八〇年に一・七四に低下して労働力不足に陥ると、八七年に「できるなら子どもを三人以上持とう」というスローガンで多産奨励政策に転換した。ただし、すべての女性国民が対象なのではなく、シンガポールの知的水準が低下することを懸念した当時のリー首相の意向を受けて、そのターゲットは、低学歴女性やマレー人女性を除いた、大学教育を受けた華人女性とされ、華人大卒女性を対象にした政府主催の集団見合い会などが開催された。

民族差別や学歴差別を含み、現在も続くこの政策は国民の間で批判を呼んだが、政府は二〇〇四年にあらためて少子化対策を重要課題に掲げ、三億シンガポールドル規模の財源からなる総合的出産奨励インセンティブを打ち出した。

すでに二〇〇一年に導入していた、第二子に三〇〇〇シンガポールドル、第三子に六〇〇〇シンガポールドルを六年間支給する出産奨励金を第一子と第四子にも拡大し、産休を八週間から一二週間に延長する（〇八年にはさらに一六週間に延長）。また一二歳以下の子どもを持つ家庭のメイド雇用税の引き下げ、七歳以下の子どもを持つ共働き夫婦に年二日の有給の特別育児休暇を与える、などがそうである。

しかし、これらのインセンティブにもかかわらず、多くの女性が子どもを産むことよりも仕事や生活を楽しむことを選択し、政府の出産奨励政策は空振りに終わっている。二〇〇七年の出生率は一・二九と世界最低のレベルとなり、〇八年に政府は、この傾向が続きまた移民を受け入れないならば、二〇七〇年にはシンガポールの人口は半減するとの危機的予測を発表した。さらには、シンガポールの優秀な頭脳の人口三〇％のうち、毎年その四～五％に相当する一〇〇〇人以上が、海外に流出していることも明らかにした。流出者の大半は、厳しい管理のシンガポールでの子育てを嫌ったことを理由に挙げている。

他方では、生活環境衛生の改善や医療の充実で、国民の高齢化現象も顕著になった。二〇〇八年のシンガポール人の平均寿命は、男性が七八歳、女性が八二・八歳で、日本には及ばないものの、アメリカや韓国よりも長寿国となり、三〇年には国民の五人に一人が六五歳以上になるとの予測が発表された。

少子化と高齢化ともにシンガポールにとり大きな問題だが、より深刻なのが少子化である。何の天然資源を持たない小さな都市国家の唯一の資源が人であるため、国民が豊かな生活を満喫する傍らで、労働力の枯渇を原因に国家命題の経済発展が止まるかもしれないからである。

外国人移民奨励政策

国民人口への危機意識は、政府の外国人移民奨励政策へとつながっていく。第5章でみたように、ゴー時代から政府は、経済発展を維持するには国民労働者だけでは不十分なため、専門職から単純労働者まで外国人労働者を継続的に受け入れてきた。このうち、シンガポールの経済発展に直接につながる、専門技能を持った有能な外国人は、すでにリー・クアンユー時代の一九八〇年代以降から移民奨励の対象とされてきた。そして、リー・シェンロン時代に、香港人、中国人、インド人、それに欧米諸国の華人系住民など、華人系を中心に高学歴の専門知識、技能、技術を持った人々に対して優遇策が提示されると、少なからぬ人々がこれに応えた。

表5は、シンガポール国民、永住権保持者、外国人滞在者別にみたシンガポールの人口推移である。外国人滞在者は、リー・シェンロン時代になると急増し、二〇〇八年には総人口

表5　シンガポールの人口推移

年	総人口	国民	永住権保持者	外国人滞在者
1970	207万4500	187万4800	13万8800	6万0900
1980	241万3900	219万4300	8万7800	13万1800
1990	304万7100	262万3700	11万2100	31万1200
2000	402万7900	298万5900	28万7500	75万4500
2005	426万5800	308万1000	38万6800	79万7900
2006	440万1400	310万7900	41万8000	85万7500
2007	458万8600	313万3800	44万9200	100万5500
2008	483万9400	316万4400	47万8200	119万6700
2009	498万7600	320万0070	53万3200	125万3700
2010	507万6700	323万0700	54万1000	130万5000
2011	518万3700	325万7200	53万2000	139万4400

出所：Singapore. Dept. of Statistics "Census of Population 2010", "Yearbook of Statistics of Singapore" より筆者作成

に対して約二七％と、三〇％に迫っている。これを別の角度からみると、二〇〇六～一一年の五年間に国民人口の増加率は四・八％に過ぎないが、外国人の増加率は六三％にも上ったのである。なお外国人滞在者の出身国別の内訳は公表されていない。

これにより労働力問題は若干緩和されたが、別の問題が発生した。外国人専門労働者の流入により、シンガポールの中間層国民が専門技能職や事務職から締め出され、また富裕な外国人、すなわち従来のマレーシア人やインドネシア人に加えて、新たに中国人やインド人などの投機的な不動産投資によりマンション価格が高騰して、国民の購入が難しくなるなど、国民生活が外国人移民に圧迫されて、国民の不満が高まったからである。

シンガポールは、イギリス植民地時代も独

立国家時代も、政府は経済発展のために移民奨励策を採ってきたが、二つの時代には決定的な違いがある。それは、植民地時代には「国民」が存在せず、植民地政府は自由に移民政策を決められたが、現代は形式的とはいえ国民主権であり、強力な人民行動党政府といえども、国民の意向を無視することが難しいことである。事実、外国人移民奨励政策に対する国民の不満は二〇一一年総選挙で噴出し、政府は大幅な見直しを迫られることになる。

3 政治の「分岐点」——二〇一一年の総選挙

与野党の総選挙向け戦術

二〇一一年五月七日、リー政権の二回目の総選挙が行われることになった。人民行動党は、前回選挙以降、明らかになってきた管理政治に対する国民の不満の声に配慮して、選挙区制度の改革を行い、集団選挙区の六人区を減らして五人区と四人区を増やし、小選挙区の数も九から一二に増やした。また、これまで国民の批判を呼んでいた、野党候補者の学校時代の学業成績や資質を問題にする個人攻撃、野党候補者を選んだ選挙区の公共住宅修繕を後回しにするという利益誘導や圧力をやめると発表し、高圧的態度を改めたソフトな姿勢を打ち出した。

他方、野党は、政権交代をめざすのではなく、人民行動党をチェックするために国会に一定数の野党議員がいる必要があると国民に訴えた。そして、同じ選挙区に野党候補者が重複しないように選挙区を分担し、それぞれの野党は、有力候補を特定の選挙区に集中させる戦術で臨んだ。

選挙は、国会八七議席（集団選挙区七五人、小選挙区一二人）をめぐって人民行動党など七政党が参加して戦われたが、リー・クアンユー率いるタンジョンパガー集団選挙区に野党は候補者を立てなかったので（野党の立候補届けが受付時間を三〇秒ほど超えたため立候補を認められなかった）、八二議席をめぐって争われた。無投票当選は五議席だけで、前回の三七議席から大幅に減少していた。

2011年総選挙　リー・シェンロンと人民行動党の支持者たち

国民の静かな反乱

一〇日間の選挙キャンペーンが進むにつれて、人民行動党は選挙民の風当たりが予想以上に強いことを感じ取り、選挙

表6　シンガポールの総選挙結果一覧（主要政党）

年	1955	59	63	68	72	76	80	84	88	91	97	2001	06	11
労働戦線	10	4												
連合党	3	3												
人民行動党	3	43	37	58	65	69	75	77	80	77	81	82	82	81
（無投票当選）				51	8	16	37	30	11	41	47	55	37	5
得票率	8.6	53.4	46.5	84.4	69.0	72.4	75.6	62.9	61.8	61.0	65.0	75.3	66.6	60.1
社会主義戦線			13											
労働者党								1		1	1	1	1	6
シンガポール民主党								1	1	3				
シンガポール民主連合											1	1	1	
定員	25	51	51	58	65	69	75	79	81	81	83	84	84	87

註：連合党は1959年にシンガポール人民党に改名

結果に危機感を持つようになる。結果は、人民行動党の懸念が的中する。表6のように人民行動党は八七議席中八一議席にとどまり過去最低、これに対して野党は労働者党が六議席（集団選挙区五人、小選挙区一人）と、過去最高の議席を獲得した。また得票率も人民行動党は六〇・一％と過去最低であった。図2は、選挙区の一覧である。

とりわけ、人民行動党に衝撃を与えたのが、初めて集団選挙区で敗れたことである。一九八八年に選挙区制度を改正して、小選挙区と集団選挙区の併用制にしたのは、小選挙区では一つや二つの議席を野党に渡しても、五人や六人からなる集団選挙区は絶対に野党には渡さないつもりだったからである。しかも、同選挙区を率いるのが有力指導者のヨー外相だったこともその衝撃を強くした。

野党が勝利したアルジュニード集団選挙区で人民行動党のヨー・チームは（五人）、五万九七三

図2　シンガポール選挙区一覧

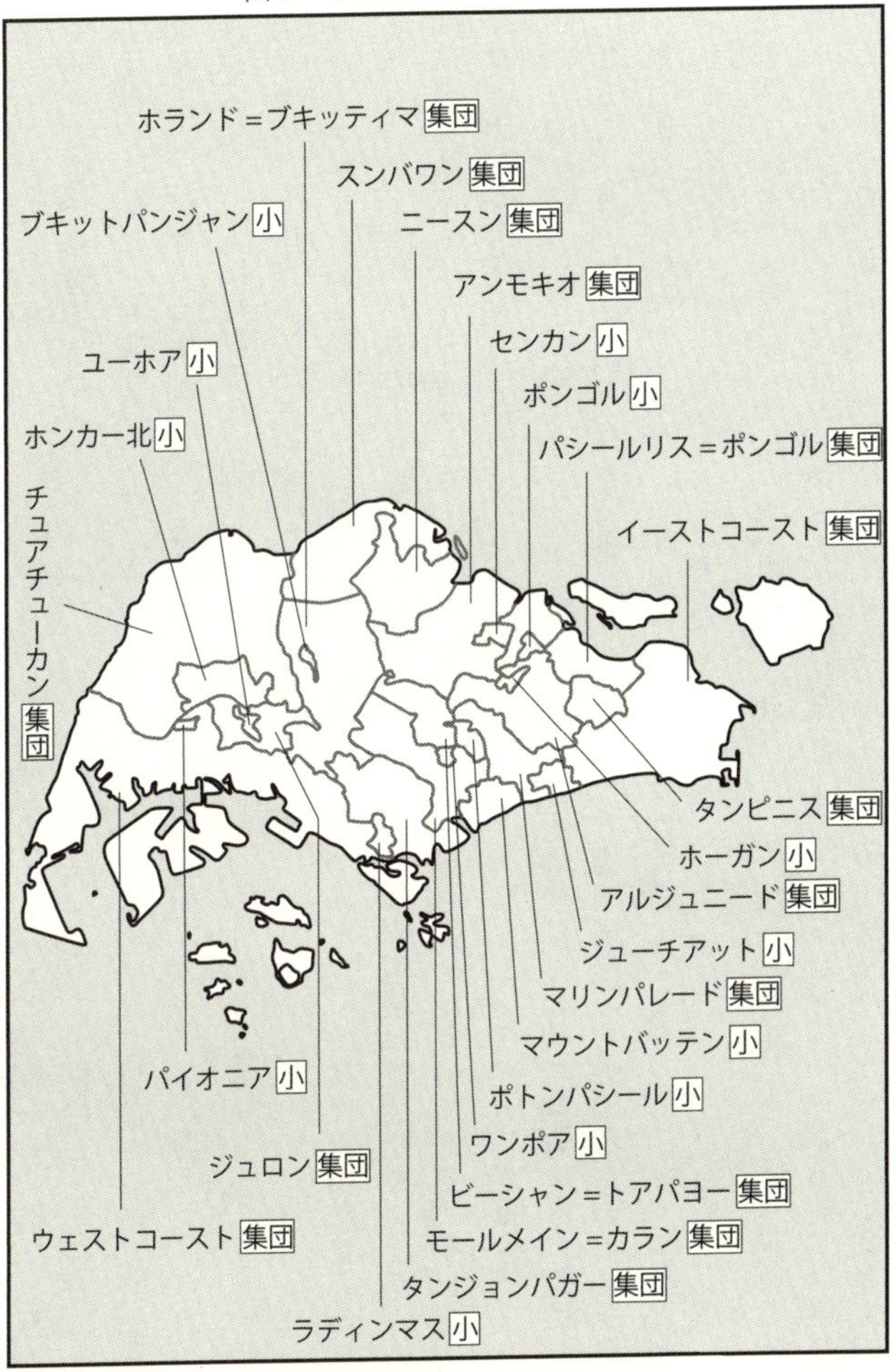

註：小は小選挙区，集団は集団選挙区の略

二票（得票率四五・三％、前回は五六・一％）にとどまり、委員長や書記長など強力な候補者をそろえた野党の労働者党チームは七万二二六五票（五四・七％）を獲得し、その差は九・四％も開いていた。野党が勝利したもう一つのホーガン小選挙区は、以前から続く野党議員の選挙区で、労働者党候補者が一万四八三三票（得票率六四・八％）で圧勝した。これ以外の選挙区でも、人民行動党は勝利したとはいえ、ポトンパシール小選挙区が五〇・三六％、ジューチアット小選挙区が五一・〇一％の辛勝だった。

アルジュニード集団選挙区で勝利した労働者党は、シンガポールの初代首相を務めたデビッド・マーシャルが一九五七年に創った政党で、マーシャル引退後は低迷していたが、八〇年代に野党政治家のシンボルとなったジェヤレトナムが復活させたものである。そして、ジェヤレトナムが抑圧を受けた後は、教員出身の現書記長ロー・ティアキャンがリーダーとなり、ローは一九九一年にホーガン小選挙区で当選し、その後四回連続で同選挙区の議席を維持してきた。今回は、その人気を背景にアルジュニード集団選挙区で労働者党チームを率いて人民行動党に挑戦したもので、シンガポール初の女性党首であるシルビア・リムなど強力メンバーをそろえていた。

労働者党のロー・ティアキャン書記長は、「現代シンガポール政治における画期的な出来事」とその勝利について語り、敗れた人民行動党チームのヨー外相は、「素晴らしい選挙戦だった、何の悔いもない、われわれは一生懸命闘ったが野党の勢いを止めることができなかった、われわれはアルジュニード集団選挙区の選挙民の選択を尊重する、今回の選挙でシンガポールの新たな歴史が始まった」と語り、敗戦を潔く認めたのである。選挙後、リー首相は恒例の勝利の記者会見をしたが、それはまるで敗戦の記者会見のようであった。

人民行動党の「敗因」

二〇一一年総選挙は、野党の労働者党書記長が指摘したように、シンガポール政治の分岐点となるものであった。過去四〇年以上も、世界の自由主義国では稀な一党支配を続け、一九九〇年前後にアジア各地で爆発した民主化の波も乗り切り、シンガポール政治に君臨してきた人民行動党は、なぜ「敗北」したのだろうか。他方、国民は数多くの不満にかかわらず、これまで人民行動党支配を受け入れてきたのに、なぜ今回は厳しい審判を下したのだろうか。

リー首相は選挙後、人民行動党が苦戦した原因として、国民の失望、不満、満たされていない要望の三点を挙げたが、生活と世代という別の角度から大きく二つにまとめられるだろう。

一つは、生活環境の悪化に対する国民の不満である。具体的には、先述したように、近年、政府は外国人移民奨励政策を進めたが、これがシンガポール人中間層の雇用機会を奪ったことである。富裕な外国人の投資がマンションなどの不動産に向かい、それが多くの国民が住む公共住宅価格に波及していた。また、経済成長率は二〇〇九年のマイナス一・〇%から、二〇一〇年には一四・八％へと大幅に改善されたが、同時にこれが物価高を招いた。これまで人民行動党に投票してきた中間層多数派の生活享受グループは、こうした不満から野党に票を投じたのである。

もう一つは、若い世代の国民を中心にした人民行動党の管理政治に対する不満である。人民行動党は、これまで巧妙な選挙制度や抑圧的な管理で国民の不満を抑えてきたが、今回はこの旧来の手法は通じなかった。これを端的に語るのが、選挙期間中の顧問相のリー・クアンユーの発言をめぐる動きである。

アルジュニード集団選挙区での苦戦を感じ取ったリー・クアンユーは、野党を選んだ選挙区の住民は、次の選挙までの五年間、野党を選んだことを後悔することになるという趣旨の発言をしていた。これはリー・クアンユー得意の威嚇的発言であり、人民行動党の典型的な旧来型言説でもあった。しかし、今回の選挙では、この発言が国民の反感と反発を買い、インターネットのサイトにリー発言を批判する書き込みが溢れ、息子のリー・シェンロン首相が、選挙戦を戦っているのは自分たちであるとして、父親のリー・クアンユーに威嚇的発言を控えるように要請すらしたのである。

インターネットが普及した時代に生まれ育った若い世代はシンガポールで「ネット世代」と呼ばれるが、二〇一一年総選挙ではネット世代に相当する二〇〜三四歳の人々が人口の三一％を占め、彼らはインターネットの書き込みを通して、不満を持っているのは自分一人ではなく大勢の仲間がいることを知ったのである。これが今回の選挙における中間層自由主義グループの行動だったのである。

リー・クアンユーの退陣

リー首相は総選挙後の会見で、過去五年の統治において二〇〇八年二月に発生した拘留中のイスラーム過激派幹部の脱獄事件、最大の目抜き通りオーチャード通りの洪水、政府の住宅問題や公共輸送問題に対する遅い対応など、具体的な失政例を挙げて国民に謝罪した。これは、いままで人民行動党は有能で万能であるとして、常に政策や統治が効率的効果的であることを誇り、決して国民に頭を下げることがなかったことを考えると、きわめて異例であった。そして、シンガポール国民を驚かせたことが、もう一つ起こった。総選挙から一週間後の二〇一一年五月一四日、リー顧問相とゴー上級相が連名で声明を出して、国民に次のようなメッセージを送ったのである。

退陣について語るリー・クアンユー

われわれは選挙結果を分析し、それがシンガポールの将来にどのような影響を与えるのか熟慮した。われわれはこれまでシンガポールの発展のために努力してきたが、困難で複雑な状況の時代には、若い世代の政治家の手でシンガポールを前進させるべきであるとの結論に達した。シンガポール政治の分岐点となった今回の総選挙結果を受けて、われわれは閣僚を辞任し、シンガポールの将来を担う任務を、若いシンガポール国民の気持ちを理解する若い世代の閣僚に委ねることに決めた。しかし、若い世代の政治家は、これまでシンガポールに多大な貢献をした旧世代指導者を常に気遣い、大切にする必要がある。

この声明とともに、リー・クアンユーとゴーは閣僚ポストだけでなく、リー・クアンユーが首相退任後も二〇年間とどまっていた政府海外投資公社会長など、他の政府機関ポストも辞任して、国家運営の表舞台から降りたのである。リーの首相退任は一九九〇年だが、退任後も上級相、顧問相として閣内にとどまり、第二世代と第三世代指導者の国家運営に眼を光らせてきた。首相退任から約二〇年を経てようやく引退したのである。リー・クアンユー時代の終焉である。彼はこのとき八八歳であった。

辛勝の大統領選挙

総選挙から三ヵ月半後の、二〇一一年八月二七日に、今度は大統領選挙が行われた。大統領の公選制は、一九九〇年前後にアジアで民主化運動が盛り上がるなかで、国民の政治参加機会を拡充する一環として九三年に始まったものである。ただし、先述したように、シンガポールの大統領は政治的実権を持たない国家の象徴的存在である。

一九九三年の第一回大統領選挙は、人民行動党の若手議員の間から、せっかく公選制を導入したのに、無投票当選は好ましくないとの意見が出て、人民行動党執行部が推薦する候補と同党の若手が推薦する候補の二人で争われた。しかし、その後は若手議員の情熱も冷めたのか、一九九九年と二〇〇五年の選挙は人民行動党が推薦する候補の無投票当選に終えていた。

しかし、今回の大統領選はこれまでと完全に様相が違っていた。人民行動党は国民の間でソフトな指導者として人気が高い、トニー・タン前副首相（七一歳）を擁立したからだ。ただし、人民行動党は、表向きは同年五月総選挙での国民の批判を受けていたため、特定候補を推薦しない立場を採ったが。この他にも、元人民行動党国会議員タン・チェンボク、それに野党系候補者など合計四人が出馬して、立候補者が過去最高となった。このうちタンは、医師出身で一九八〇〜二〇〇六年の間、人民行動党国家議員として国会各種委員会で活躍した政治家で、人民行動党の統治スタイルを批判して出馬したものである。

結果は、トニー・タンが当選したが、衝撃的なのは得票率である。トニー・タンの七四万五六九三票（得票率三五・一九%）に対し、次点のタン・チェンボクが七三万八三一一票（三四・八五%)、第三位の野党系のタン・ジーサイが五三万〇四四一票(二五・〇四%)と、次点候補との差はわずか〇・三四%に過ぎなかったからである。もし、反人民行動党陣営が候補者を一本化していたならば、タンが敗れた可能性すらあったのである。

タンが苦戦した原因は、タンの統治能力や人間性に問題があったからではなく、人民行動党の候補者ということにあり、大統領選は国民の人民行動党に対する不満が本物であることを確認するものとなった。

止まらない人民行動党批判

二〇一二年五月二八日、シンガポール北東部のホーガン小選挙区で補欠選挙が実施された。同選挙区は、二〇一一年総選挙で野党が当選した唯一の小選挙区だが、野党議員が不倫を理由に辞職したために実施されたものである。

この補欠選挙が注目されたのは、総選挙での苦戦後、人民行動党は国民目線の政治運営を行うことを表明したが、国民がそれをどう評価しているのかはかる選挙だったからである。選挙は、人民行動党と野党労働者党の二人の候補者で争われた。

結果は、野党候補者が六二%ほどの得票率で勝利した。もともとホーガン小選挙区は、過去四回の選挙で労働者党のロー・ティアキャン書記長が連続当選した野党の数少ない地盤である。また、選挙の少し前に、高価な自動車を運転していた富裕な若い外国人投資家(中国人）が暴走事故を起こし、追突された三人の子どもを持つシンガポール人のタクシー運転手が死亡する出来事が国民の怒りを買い、外国人移民政策への不満が投票に反映されたという特殊事情もあった。

しかし、それを考慮しても、人民行動党が国民の信頼を取り戻すことに失敗したことは事実であり、二〇一一年総選挙、大統領選挙、そして、今回の補欠選挙と、人民行動党は実質的に「三連敗」したのである。

国民目線の政治に向かうのか

二〇一一年総選挙から二週間後の五月二一日、内閣改造が行われた。落選したジョージ・ヨー外相の他に、ウォン・カンセン副首相など移民や住宅や交通問題担当の閣僚が、選挙で苦戦した原因となった政策失敗の責任を採るかたちで退任した。新政権はリー首相を、テオ・チーヒエン副首相（留任）とタルマン・シャンムガラットナム副首相（新任）の二人が補佐する体制で、新外相兼法相にはインド人のシャンムガムが任命された。新内閣は、リー首相以下の第三世代が中心だが、早くも次の世代交代に備えて四人の第四世代の入閣も行われた。

注目されるのは、リー改造内閣が二〇一一年総選挙での人民行動党への批判を受けて、国民目線の政治へと舵を切ったことである。

その一つは、選挙で国民の不満の種となった外国人移民政策の見直しである。外国人労働者の比率の上限を、シンガポールの労働者全体の三分の一程度にする、事務職の外国人労働者に対するビザ発給条件の月給の下限を、それまでよりも引き上げて三〇〇〇シンガポールドルとする、それまでは一〇〇〇万シンガポールドルの金融資産をシンガポールに持ち込んだ外国人は永住権を取得できたが、二〇一二年五月から廃止する、などの措置である。

高額批判の強かった閣僚や高級官僚の給与見直しも行われた。二〇一一年総選挙当時、首相の年収が約一億八〇〇〇万円、若手閣僚が約九〇〇〇万円、大統領が二億円を上回り、世界最高の水準であった。

選挙後、政府は給与見直しに着手し、それを検討する諮問委員会を設置した。二〇一二年一月に諮問委員会が、これまでの基準とされた民間高額所得者の上位四八人から上位一〇〇〇人の平均所得に変更するとされた。そのため首相が現行から三六%減の二二〇万シンガポールドル（当時約一億三〇〇〇万円）、閣僚が三七%減、大統領が五一%減の一五四万シンガポールドル（当時約九二〇〇万円）に引き下げられた。この新給与を改造内閣が発足した二〇一一年五月に遡って実施するという内容の勧告を政府は受け入れた。

これらの措置は、リー首相は父親と違い、若い世代の国民の気持ち、また、民主主義時代には、国民の意向を尊重しなければならないことがわかっていることを物語っている。

政権交代の可能性

二〇一一年総選挙がシンガポール政治の分岐点となったという認識は、勝利した野党政治家だけでなく、選挙で敗れたヨー前外相、それにリー・クアンユーなど、ほぼすべての人々が一致している。シンガポールの政治はこれからどうなるのだろうか。

世界各国の行政制度は、大きく大統領制と議院内閣制の二つからなり、大統領制の場合、大統領の任期や再選などを制限している国が多いが、議員内閣制の場合、与党が選挙で勝利する限り、首相を誰にするか与党内で決められる。議院内閣制のシンガポールは、人民行動党が選挙で勝利している限り、同党が首相を決めることができる。

人民行動党政権は一九五九年に始まり、二〇一三年現在、五四年目に突入したが、これまで第一代首相のリー・クアンユーは三一年間、第二代首相のゴー・チョクトンは一四年間務めた。現在の第三代首相リー・シェンロンは、九年間務めたに過ぎず、まだ六一歳であり、しばらくはリー時代が続くことが予想される。

しかし、今後のシンガポール政治の注目点は、リー時代がいつまで続くのかよりも、国民が、次の選挙、あるいはその次の選挙で野党に政権を委ねる政権交代のために一票を投じるかということにある。もし、政権交代が起こった場合、一九五九年から五十数年続いてきた、アジアだけでなく世界の自由主義国でも稀な超長期政権が終焉することになる。アジアの自由主義国で人民行動党の長期政権に匹敵するのは、インドの国民会議派政権（一九四七～八九年)、日本の自民党政権(一九五五〜九三年)の二つだが、ともに現在は連続性が途絶えている。

人民行動党政権が続くかどうかは、アジア政治の観点からみても興味深い問題だが、ここではシンガポール国民の視点から考えてみたい。

二〇一一年総選挙で国民が人民行動党に批判票を投じた理由は明白である。人民行動党の統治能力や経済政策に疑問を持ったからではなく、上から自分たちを見下ろす管理統治スタイルに反発し、自分たちの意向に配慮した政治運営を行うことを望み、反省を促す目的で野党に投票したのである。選挙後、人民行動党が国民目線の政治への転換を表明し、二〇一一年総選挙での国民の望みの一部は実現したことになる。

この一連のプロセスを言い直すと、政府の政策や姿勢に不満を感じた国民が、選挙で政府批判票を投じて不満の意思表示をする、それを受けて政府は国民の要望に沿った修正を行うものになり、これは民主主義国家における政府と国民の関係の普通の姿である。シンガポールでも、これまでの政府から国民への一方的関係から双方向関係へと替わったわけで、ようやく選挙を通じた政府と国民の対話が始まったのである。

問題は、国民がこれをさらに一歩進めて、人民行動党に替わり野党に政権を担ってもらうことを望んでいるかどうかにあるが、その答えは否定的にならざるを得ない。大半の国民が、経済発展しなければ自分たちの生活が成り立たないこと、経済発展を実現する能力を持った政党は、当面は人民行動党以外にはないことを知っているし、また、現在の野党には政権を担う準備も能力もないことも明白だからである。もちろんこれは、人民行動党が国家奨学金制度を通じて、社会の有能な人材をすべて国家と人民行動党に吸収し、野党や社会には何も残さなかったことが一因でもある。

これを考えると、もし人民行動党が国民目線の政治の実現に成功したならば、国民は次の選挙で人民行動党批判の矛を収める可能性が高い。もちろん人民行動党にもっと反省を促すために、野党議席をさらに増やす行動を採ることもありうるが、しかし、人民行動党の政権交代は現状では誰にとってもメリットがないのでこの可能性は低い。

経済発展路線の継続

もう一つの注目点は、人民行動党の、そして、シンガポールの経済発展路線がどうなるかである。これについては、答えは明確で、今後も続くと思われる。その理由は、人民行動党、野党、そして国民も、経済発展なしにシンガポールは生存できないことを知っているからである。この観点に立つ限り、シンガポールは経済発展の看板を下ろすことはできないし、常に発展しなければならない宿命構造にある。しかも、シンガポールが近隣東南アジア諸国と同じ産業構造になった場合、国土や労働力などの面で太刀打ちできない。産業構造や経済発展段階が近隣諸国よりも一歩どころか、二歩も三歩も先でなければならないのである。

ただ、経済発展路線は不変だとしても、一九七〇年前後の時期は常に二桁台の高成長を記録したが、二〇〇〇年代の平均成長率が五・六％に落ち着いたことが示すように、シンガポール経済はいわば「成熟段階」に入ったため、かつてのような高い成長は望めない。また、経済発展を実現するための仕組みや政策、たとえば、外国人移民優遇政策は、国民の不満が強いことから、さらに部分的修正が行われることが考えられる。

また、これまでの人民行動党がすべてを決めて国民に指示するトップダウン方式を修正して、国民の自発性や主体性に委ねる領域が増えることも予想される。国民の満足度を高めるために、これまで掛け声倒れに終えていた文化振興などにも配慮した政策が進められることも考えられる。しかし、誰が、またどの政党が政権を握っても、経済発展がシンガポールの永遠の課題であることに変わりはないのである。

終章　シンガポールとは何か

シンガポールが世界史の舞台に上がってからの歴史は二〇〇年ほど、独立国家の歴史はさらに短く五〇年ほどでしかないし、東南アジアの小国に過ぎない。だが、アジアや世界のさまざまな国と関わりを持つきわめてユニークな国である。

最後に、現代シンガポールの特徴、シンガポールの建国の父のリー・クアンユーがシンガポールに果たした世界史的意義、さらに、アジアや世界の国々との比較のなかでシンガポールの意味を考えてみたい。

1 宿命的構造と特質

特異な国家と社会の関係

二一世紀の現在、世界には二〇〇を超える主権国家があり、どの国も、社会を基盤に国家が成立したものである。つまり、最初に民族や言語や宗教を軸に人々が集まって社会が形成され、その後、社会の秩序を維持するために国家が創られたものである。アジアの歴史の初期段階での国家類型は、一人の権力者が支配し、権力者が世襲制の王朝国家が一般的であった。しかし、シンガポールは、そもそも国家に先行する社会はなく、王朝国家が創られたこともない。もちろんジョホール王国の領土だったが、国王が常駐して統治していたのではなく、王都から離れたほぼ無人の土地だった。

シンガポールの国家と社会の誕生は、一九世紀初頭に外部勢力であるイギリスが、マレーシアのほぼ無人島を手に入れて植民地国家を創り、その後、アジア各地から移民が集まって社会形成されたものである。また、独立国家時代も社会が国家を創ったのではなく、植民地支配の清算過程で国家が誕生し、その後、国家が何のまとまりもなかったバラバラな社会を自らの意向とデザインに基づいて改造した、というよりも実質的にゼロから創り上げたものである。

シンガポールは、社会と国家の生成パターンも国家と社会の関係も、多くの国と異なり、社会が国家を生み出したのではなく、二つの時代ともに国家が社会を創ったものなのである。

これが、世界の他の国と比べた、シンガポールの国家と社会関係の特徴である。社会がなく、国家が社会に先行して誕生するとどうなるのか。その解答は、植民地時代も現代も、強力な国家である。

シンガポールの基本構造

シンガポールは、世界地図の上でみると小さな点に過ぎない。だが、その歴史は、アジアや世界の国々との密接な関係の上に成り立っている。

社会（人）は、アジア各地からの多様な移民者で構成されているが、最大の民族集団は華人であり、あえて言えば、中国と最も密接な関係にある。そして、独立国家の行政制度、法律体系、経済制度、教育制度などは、大半が植民地宗主国イギリスに倣ったものであり、イギリスとの関係が最も深い。

そのため単純化して言えば、アジアで植民地化が本格化した一九世紀初頭に、数多くの中国人が東南アジアの小さな島に出稼ぎに来て社会が誕生し、第二次世界大戦後の民族対立のなかで、イギリスの諸制度に倣って国家が創られたのがシンガポールなのである。

独立国家とはいえ、シンガポールは国民の日常生活に不可欠な食糧や飲料水などを、隣国マレーシアやインドネシアなどに依存しなければならない。また、シンガポールの生存には、両国だけでなく、世界の国々との経済交流が不可欠だが、それには両国の領域（海域や空域）を利用しなければならない。そして、シンガポールの安全保障問題とは、実質的に両国との関係を意味している。シンガポールの生存には、何よりもマレーシアとインドネシアとの共存関係の構築が不可欠なわけで、これがシンガポール生存のための「小世界」である。

しかし、これでシンガポールの生存が可能になったわけではない。国内に何の資源もないため、世界の国々との投資や貿易など経済交流を通じた発展を必要とする。イギリス植民地時代は中継貿易が、独立国家時代は日本や欧米諸国など先進国企業の国際加工基地や金融センターなどが、これを担った。日本や欧米先進国との緊密な経済関係の構築、これが、シンガポール生存のための「大世界」になる。

図3　シンガポールと世界の関係構造

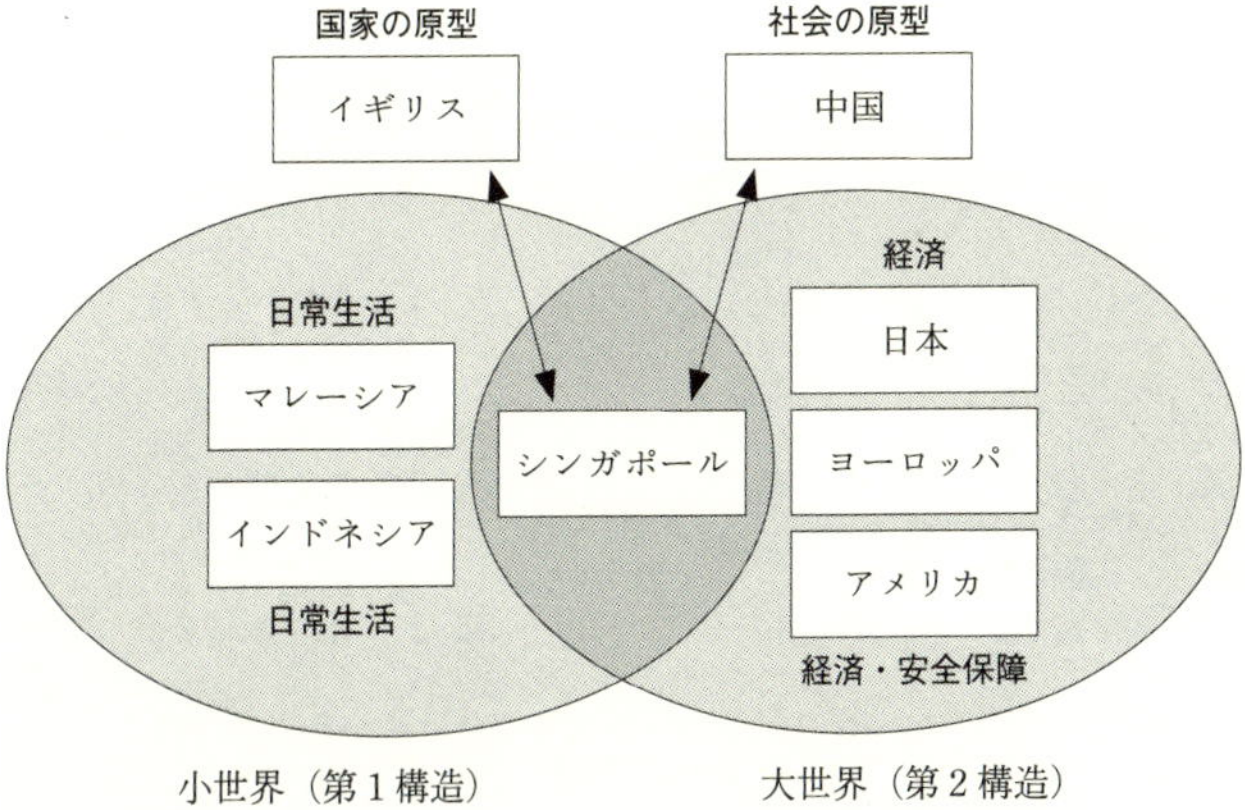

出所：筆者作成

とはいえ、これでもまだシンガポールの生存は完全には保障されない。いつ地域で紛争が発生して、シンガポールの国土が脅かされるかもしれないからである。その際に、シンガポールは自力で安全保障を確保できないので、他の強国に依存しなければならないが、それが、太平洋の彼方の軍事大国アメリカである。

図3は、いまの説明を図にしたものである。シンガポールは、国家の原型がイギリス、社会の原型が中国、日常生活ではマレーシアとインドネシアとの小世界、経済発展のためには日本、アメリカ、ヨーロッパの先進工業国との大世界、安全保障はアメリカに依存、とアジアや世界の主要国とさまざまな分野でつながることで成り立っている国なのである。これは裏返すと、シンガポールの生殺与奪権

は外国が握っているということである。この宿命構造を前提に、あるいは承知のうえで国家が創られたのである。と同時に、ここからシンガポールの生存に資する限り、世界のどの地域の国、どんな政治体制の国とも緊密な関係を構築する、という基本的世界戦略が生まれた。

ただ、シンガポールが世界のさまざまな国との関係のうえに成り立っているとはいえ、国民がイギリスと中国に特別な感情（感慨）を持っていることも事実である。イギリスの植民地支配は日本による占領時代を挟んで約一四〇年続き、シンガポールを植民地化した帝国主義の国であるにもかかわらず、国民の間では、あえて言えば、イギリスに対する感謝の念が強いからである。多くの国民が、イギリスに植民地化されたことで、シンガポールが世界史に登場し、今日の発展が可能になった、しかもアジアでは稀な近代的国家になったと考えているのである。

中国との関係は複雑な過程を辿り、イギリス植民地時代には、多数の中国人移民が到来してシンガポール社会の主役となり、緊密な関係が維持されたが、第二次世界大戦後になるとシンガポールは、非中国的な国創りを進めて自ら中国と断絶した。

しかし、一九九〇年代に中国が経済発展して世界の大国になると、国民の中国をみる眼が変化した。現在、ほとんどの華人国民はシンガポール生まれのため中国を知らないが、世界における中国の大きなプレゼンスが民族的自尊心をくすぐり、民族的に中国人であることに誇りを感じている。この限りで、シンガポールの「ルーツ」は、地理的歴史的関係が深いマレーシアではなく、社会エリートの場合はイギリス、華人庶民の場合は中国なのである。

際立つ七つの特徴

シンガポールの歴史は、大きく、イギリス植民地時代と独立国家時代の二つに分かれ、二つの時代の特徴は違う。ここでは主に独立国家時代の特徴を、アジアや世界の他の国との比較を念頭に置いて考えてみたい。相互に関連した、次の七つの特徴が際立っている。

第一が、経済発展が最大の国家目標、つまり国是であることだ。

アジアや世界の国々は、たとえば、タイの仏教やインドのヒンドゥー教など、民族の歴史文化や言語や宗教が、最も重要な国民的価値と考えられている国が少なくなく、経済発展はそれを支え維持するための手段という位置付けである。しかし、シンガポールの最大の価値は、民族や言語や宗教に関連したものではなく経済発展なのである。これには、社会に伝統や歴史文化がないこと、若い移民社会という要素が作用していることを否定できないが、経済発展は、イギリス植民地時代だけでなく、現代国家時代にも生存のための絶対要件とみなされている。これがシンガポールの最大の特徴である。

その際に見落とせないのは、現代国家（政府）が成長の成果を国民に配分したことである。アジアや世界には、指導者が国民生活を無視して、指導者間の政争、腐敗や汚職などで国民経済を破綻させたり、私物化したりした国が少なくない。シンガポールでも政争や汚職がなかったわけではないし、所得格差問題もある。だが、経済発展して成長の成果が国民に行き渡り、多くの国民が豊かになったのは事実である。ここに、現代世界におけるシンガポールのユニークさがある。ただ、その代償として、国民は厳しい管理下に置かれて常に能力を要求され、また、多くの国民が、植民地時代には旺盛だった自己責任でビジネスに挑戦する企業家精神を失うなど、コストを支払ったことも事実だが。

第二が、近隣諸国よりも常に一歩も二歩も先の経済発展段階を追い求めたことである。独立国家時代に、東南アジア諸国が労働集約型の軽工業を振興すると、それよりも進んだ段階の重化学工業を産業の軸に据え、近隣諸国が重化学工業化段階に入ると、金融産業に活路を見出し、近隣諸国が金融産業を整備すると、教育や医療などのサービス産業を振興するといった具合である。

これはシンガポールの宿命構造でもあるが、これをいつまで続けなければならないのか、指導者や国民は、このエンドレスの発展ゲームに疲れ果ててしまわないのか、外部の観察者には不思議さと同情が混じった疑問を感じるが、これまでのところ何とかやり遂げてきた。

第三が、これら一連の営為が国家主導で行われたことである。

世界の多くの国では、社会や国民の資源と活力を活用した国創りや経済開発が行われるが、シンガポールは、社会（人）の資源をすべて国家に吸い上げる独特の仕組みが創り上げられた。政治領域では、野党や政府批判集団を厳しく管理し、政党以外の団体が政治的発言をすすることを一切認めず、経済領域でも、民間主導ではなく政府が先頭に立って経済開発を牽引するものだった。

その理由は、植民地時代から社会が細かく分節していて、全体的まとまりと自立性がなかったことにある。極端な言い方をすると、シンガポールの経済開発は、国家がすべてを担い、国民は外国企業に、ただ労働力を提供することを期待されたに過ぎなかったのである。

第四が、政治や民族文化が、経済発展の手段と考えられたことである。

シンガポールでは、民主主義や政治的自由、それに民族や宗教は、経済発展を阻害しない限りで容認されるものでしかない。政府が、政治的自由や文化を犠牲にしてでも、国民のエネルギーをひたすら経済発展に誘導したからである。このことは、その方式の是非は別にして、少なくとも国家指導者の間では、何が目的であり何が手段なのかきわめて明確だったわけで、これもアジアや世界の国々と比べた、シンガポールの特異性である。

第五が、この結果として、アジアや世界には民族文化が豊かな国が多いなかで、シンガポールは文化が育たなかったことである。

独立国家時代になると、シンガポールの政治と経済は、植民地時代から大きな変容を遂げたが、新しい文化が誕生することはなかった。その一因は、経済発展しても民族文化は簡単に変容するものではないことにあるが、政府が経済発展には熱心でも、文化発展にはほとんど関心がなかったからである。このことは、「シンガポール人」がいても、「シンガポール文化」がないことに象徴されている。現代の主権国家では、国民はどんなに民族的に多様であっても、全員が自動的に「○○国人」になるが、「○○文化」は自動的に誕生するものではないからである。

一般的に、文化は、社会の自立的で自発的な活動から生まれ、極端な場合には、社会の爛熟や退廃、道徳的はみだしの領域から生まれることすらある。もちろん、シンガポールにも、作家、音楽家、美術家、映画製作者、スポーツ選手などがおり、それぞれに活動している。だが、あえて言えば、それはあまり日が当たらない社会の片隅の小さな存在に過ぎない。政府が経済発展を目標にして、プラグマティズム（実用性）を運営原理にする社会では、非実用的な文化は「贅沢品」と考えられたのである。

第六が、世界、とりわけ欧米諸国に対して政治と経済を使い分けてきたことである。シンガポールは、経済発展のためには欧米諸国との緊密な経済関係の構築が不可欠なことから、効率的でオープンな経済システムの構築に努めた。ここでは、欧米諸国に利用してもらうために、その意向を最大限に尊重して、相手の希望に即した経済制度や政策に励んだ。

しかし、政治分野、とりわけ政治体制や政治的自由の問題になると、欧米諸国の権威主義体制批判や人権抑圧批判に、ことごとく反論した。それだけでなく、シンガポール（やアジア）には、自由主義を基礎にする欧米型民主主義は適さないと強烈な自己主張を行い、欧米マスメディアのシンガポール政治批判を許さない姿勢を貫いた。

この政治と経済の欧米諸国に対するスタンスの違いはきわめて対照的である。端的に理由を言ってしまえば、欧米諸国のシンガポールに対する期待が、民主的な政治体制ではなく、合理的で便利な開かれた経済システムにあったからである。そして、シンガポールの指導者も、経済システムがオープンである限り、欧米諸国はアジアの小国の政治をさほど問題にしないことを知っていたのである。ここには小国とはいえ、あるいは小国であるがゆえにと言うべきか、したたかな計算がある。

第七が、いまだ国民の価値《アイデンティティ》軸が模索段階にあることである。

何度も述べてきたように、シンガポールは伝統社会を持たず、植民地時代に誕生した社会も、民族や宗教や言語の点では、アジア各地のそれの寄せ集めに過ぎず、まったくバラバラで何のまとまりもない状態にあった。独立国家になって、ようやく国民を一つにまとめる社会工学的施策が行われ、英語を軸に国民を統合する政策が採用された。これは、シンガポールはアジアに位置する国だが、国民の価値意識においてヨーロッパの国（イギリス）になろうとしたことを意味した。

この政策が導入された背景には、国家指導者がイギリス留学組だったこと、シンガポールの生存は欧米諸国との緊密な経済関係に関わっていることがあった。しかし、一九八〇年代にアジアが経済発展すると、シンガポールの国際経済戦略は、欧米諸国とアジア（とりわけ中国）が成長の二つのエンジンになるものへと変化し、これは当然にアイデンティティの問題にも影響を与えている。

現在、シンガポールのアイデンティティ軸は、二言語政策に象徴されるように、欧米的価値ともアジア的価値ともどちらとも言えない状態にある。シンガポールの国際戦略は常に一貫して明確だが、国民のアイデンティティの軸を何にするかは現在も模索中なのである。

2 リー・クアンユーという存在

リーという政治家

もし、ある国の歴史が、傑出した指導者の個性で動くものだとすると、シンガポールを創り動かした人物は二人いた。一人がシンガポールを植民地化したラッフルズ、もう一人がリー・クアンユーである。シンガポールの中学の歴史教科書は、ラッフルズをシンガポールの「建設者」として教えているが、リー・クアンユーはシンガポールの「建国者」と言えるだろう。ここでは、リー・クアンユーの特徴とシンガポール史に持った意義を考えてみたい。

現代シンガポールを観察すると、リー・クアンユーの個人的価値観が、そのまま国家制度や政策に反映されたものが少なくない。その最たるものが、自分の一族の教育経歴をモデルに、英語教育の学業成績に優れたエリートが国家指導者になる仕組みである。また、周囲の反対で実現しなかったが、高学歴の華人女性を対象にした結婚と出産奨励も、学業に秀でた者こそが国家を動かすという信念を反映した事例の一つである。

自分の価値観や統治観の正しさを確信する政治家リーは、自分のそれと対立する者との対決を少しも厭わず、欧米諸国の自由主義論者と数多くの論争を行った。その際に、多くの非欧米世界の指導者のように、欧米価値の何たるかを知らないままの一方的な自己主張ではなく、それを理解したうえでの批判だったことに特徴がある。そのため欧米諸国の指導者はリーを手強い相手と思いながらも、同時に対話ができる相手として尊敬したのである。

このようなリーにとって、シンガポール国民は議論の相手に成りえなかった。時には、辟易さえする自信と確信が政治家リーの最大の武器であり、みなぎる自信と確信にしたがって、リーはシンガポールという真っ白なキャンバスの上に自分の思いのままに絵を描いたのである。これが可能になった一因は、シンガポールには、リーの作画作業の妨げとなる、伝統社会や特権身分層や特定の価値観がなかったことにあるが、この限りで現代シンガポールはリーの創造物であり、個人作品なのである。

政治家リーの特質を一言で言えばプラグマティストにある。プラグマティズムとは、特定の政治イデオロギーや政策に固執せず、現実に適合する限り、どんなイデオロギーや政策でも採用を躊躇《ちゅうちょ》しないこと、他方、ひとたび採用しても、それが機能しないことがわかると、放棄することを躊躇しないことである。

実際に、リーは、シンガポールの政治安定と経済発展の目的に適合する限り、どんな制度や政策でも採用することを躊躇しなかった。リーには、政治イデオロギーや理念、あるいは具体的な制度や政策は、それ自体が価値なのではなく、シンガポールの発展という究極目標を実現するための手段に過ぎなかったのである。

リーのシンガポールの国家形成は、三つの政敵との戦いを通じて行われた。

第一が、一九六〇年代の共産系グループである。共産系グループは、政治家リーにとり最大の強敵だったが、リーは相手が手強ければ手強いほど闘志を燃やし、死闘に勝利した。これにより、リーはシンガポールの国家形成を自分の思いのままに行うことが保証されたのである。

第二が、マレーシア時代のマレー主義政治家である。リーはマレーシアの国家原理をめぐる論争に、三つの民族の平等を唱えて、マレー人優位を唱えるマレー主義政治家に果敢に挑んだ。だが、シンガポールの社会基盤が弱く敗れて、マレーシアから追放された。しかし、結果論ながら、マレーシアから追放されたことが、今日のシンガポールの発展が可能になったのである。歴史の皮肉である。

第三が、英語教育の自由主義者である。これまでの共産系グループとマレー主義政治家は、英語教育知識人のリーと社会基盤がまったく違った。だが、英語教育の自由主義者はリーと社会基盤が同じである。リーとの違いは政治的自由をどう考えるかにあった。政党を創り選挙に参加する者以外の者が政治的発言をすることは認められないと確信するリーは、自由主義者の市民社会運動による政治的発言や政治参加を許さず、断固として政治過程から排除する。

この三つの相手とリーとの政治的立場の違いは、第一の相手が共産主義を認めるかどうか、第二の相手が民族主義を認めるかどうか、第三の相手が自由主義を認めるかどうかにあった。リーが戦った三つの相手の政治的立場を裏返すと、政治家リーの特徴になり、反共主義者、反民族主義者、反自由主義者、それにエリート、これが政治家リーの中身なのである。

限界

人間である以上、リーにも限界があった。ここでの限界とは、政治家としての能力の限界や失政ではなく、社会や人間のさまざまな営為のうち、多くの人々が関心を持ち共鳴するものである。

その一つが、芸術や文学など文化である。人間と社会のあらゆる事象を、それがいかにシンガポールの経済発展に寄与するかという観点からすべてを判断したリーは、芸術や文学は経済発展には無関係とみなし、国民の間に芸術心や文学心を広げることに無頓着だった。シンガポール文化が不在の一因はここにあった。

もう一つが、普通の国民の気持ちや能力を理解し評価することができなかったことである。

自分の能力に絶対的な確信を持つリーは、一般国民が政治や経済や社会のあり方について、自分の希望、考え、意見を持っていること、また、民主主義時代に生きる政治家である以上、国民の意見や意向に配慮する必要があることを理解できなかった。これをよく示すのが、国民が望まず苦しい政策については、長期的には国民のためになるという論理で説いたこと、また、選挙で野党を選んだ選挙区の住民には、政府の行政サービスを一番後回しにするといった発言である。

リーの他人の能力に対する疑念は、人民行動党の後継指導者にも向けられた。一九九〇年の首相退任後に、リーは、もし自分が死んで葬儀が行われ、棺桶がまさに埋められようとしている瞬間でも、シンガポールの国家運営が間違っていたならば、ただちに立ち上がって間違いを直す、という趣旨の話をしている。ゴー・チョクトンに後継首相を譲った後に上級相という職を設け自ら就いたように、さらに同様にリー・シェンロンの際には顧問相に就いたように、ここには、自分が選んだ後継者といえども全面的に信頼できない、自分しかいないという使命感に近い自負心があった。これがリーのエネルギー源だったのである。

挫折

二〇歳代後半に政治家をめざし、三五歳で首相に就任し、六七歳で首相を退任した後も上級相や顧問相として約二〇年間、閣内にとどまるなど、六〇年以上もシンガポール政治に関わったリーは、当然のことながら、数々の成功の陰でいくつか挫折を味わっている。その一つは、本人が認める一九六五年のシンガポールのマレーシアからの追放である。リーは一九九〇年に首相を退任した際に、過去の統治を回顧して、首相在任中の最大の苦渋が、政治家としてあれほど一緒になることに努力とエネルギーを注いだ、マレーシアとの統合維持に失敗したことであると述懐している。

本人は語っていないが、筆者は、リーはもう一つ、しかも政治家として最大の挫折を味わったのではないかと考えている。それは二〇一一年総選挙で、若い世代の国民がリーの統治スタイルに拒絶反応を示したことである。本来、リーにとり国民は敵ではなく、自ら行った政治や政策の客体であり、懸命に国家形成に頑張ったのは国民のためであった。しかし、総選挙で人民行動党が苦戦した要因の一つは、リーの権威主義統治スタイルに若い世代の国民が反発したことにあり、リーは「なぜ？」という言い知れない思いに打ちのめされたに違いない。

リーは、若い世代の国民が自分の意見を堂々と表明したことに目を疑いながらも、この行動をみて、もはや自分の統治スタイルが、シンガポール社会の多数派となった若い世代の国民に受け入れられるものではないこと、すなわち、自分の時代が終わったことを悟り、これが辞任につながったのだと思われる。政治家として晩年期にあったリーが、この「第二の挫折」を味わうことなく、これまでの栄光に包まれてシンガポールの舞台から去っていったほうが、本人にとり幸せだったのか、それとも、最後の段階で若い世代の国民の生の感情を知ったことがよかったのかは、正直なところわからない。

ともあれ、リーの退陣をもって、シンガポールは本当の意味で「ポスト・リー・クアンユー時代」に入った。今後、後継者がリー路線を継承するのか、それとも新たな路線を打ち出すのかは不透明だが、一つだけ確実なのは、もはやシンガポールは、リーのようなカリスマ的指導者を必要としないことである。二〇一一年総選挙が教えたことは、シンガポールの選択を決めるのは、人民行動党の指導者ではなく国民だという至極当たり前のことだからである。

3 アジアの一国として

東南アジアのなかのシンガポール

シンガポールが一員の東南アジアには一一の国がある。一一ヵ国は、国土面積や人口が違うだけでなく、民族、宗教、歴史文化もさまざまである。東南アジアのいくつかの国の特徴を単純化して言えば、インドネシアは「ジャワ民族とイスラーム教」、マレーシアは「イスラーム教とマレー民族」、タイは「仏教と国王」となる。本書でみたように、シンガポールは「経済発展と人民行動党」になる。これは、シンガポールが人為的に創られた国という性格が強いことを語っているが、東南アジア諸国の人々は、シンガポールは異なる二つの特徴を持った国と受け止めている。

一つは、豊かで近代的な「先進国」である。東南アジア諸国のなかで群を抜く経済発展を遂げたシンガポールは、日本がアジア諸国に対して先進国の役割を果たしているのと同様に、東南アジア諸国に対して先進国の役割を果たしている。

たとえば、東南アジア諸国から欧米大学に留学して、卒業後は母国での就職を考える若い人は多いが、一部は母国に戻らないで、欧米社会と類似するシンガポールの大学、研究機関、企業などに就職している。富裕層も、巨額資産の一部をシンガポールの不動産に投資したり、シンガポールの銀行に預金したりする者が少なくない。これは、とりわけインドネシア華人の富豪に顕著である。また、最先端の医療技術による治療を受けるために、シンガポールを利用する人も少なくない。民主化前のミャンマーの軍政の要人やブルネイの王族などがそうだが、二〇一二年末には、インドで集団暴行を受けて危篤状態に陥った若い女性が緊急手術のために、シンガポールに搬送された。また、すでにみたシンガポールへの出稼ぎ労働者の一群もこのリストに加えられる。

もう一つは、シンガポールは国家ではないと受け止めていることである。たとえば、インドネシアの一部の政治家は、シンガポールは国家の要件を満たしておらず、一つの都市に過ぎないとみている。地域機構ＡＳＥＡＮはシンガポールを他の加盟国と同等の資格を持った一つの国として遇しているが、一部の人々のシンガポールをみる目には、国家とはギャップがある。

この対照的なシンガポールをみる目は、シンガポールが東南アジア諸国に対して持つ優位性と限界をよく言い当てている。

日本とシンガポールの交流

シンガポールの人々にとり、日本はまったく違う二つの顔を持った国である。一つは、過去にシンガポールを苦しめた抑圧者の顔、もう一つは、シンガポールの経済発展を支えた経済大国の顔である。この二つの顔と国民との関係をあえて単純化して言えば、日本占領時代を経験した年配国民には軍事大国、若い世代の国民には、経済が豊かで礼儀正しい国というイメージが強い。

シンガポールの若い世代の人々が、日本をどうみているかを示す興味深い資料がある。二〇一一年にシンガポールのＮＰＯ「シンガポール親切運動」が、シンガポール国民一〇〇〇人を対象に、世界のどの国の国民が親切だと思うかについての意識調査を実施した。それによると、第一位が日本人の六九％、第二位がタイ人の三六％、そして第三位がシンガポール人の三二％であった。シンガポールの多くの人々が、自分たちよりも日本人のほうが親切だとみているのである。

これが語るように、若い世代の間では日本に対する憧れが強く、日本製への関心が高い。シンガポールの街を走るのはほとんどが日本車だし、若い女性がおしゃれ目的にショッピングを楽しむのは、かつてはイギリス系デパートだったが、現在は圧倒的に日系デパートである。衣料品や雑貨品も、日常生活品や普段着は安価な中国製で済ませるが、ちょっとしたものになると日本製のファッションや家電製品を買い求める。シンガポールのエリートは欧米志向が強いが、若い一般国民は親日的で、日本の生活文化への関心が強いのである。

シンガポール政府が日本に期待するのも、政治や安全保障ではなく、経済や社会の分野にある。一九八〇年にシンガポール政府は「日本に学べ」キャンペーンを開始した。その目的は、経済競争力強化のために、日本の企業制度から学ぶことにあり、終身雇用制、年功序列制、企業内組合など、日本独特の制度の導入の可否が検討された。また、同年には、シンガポール国立大学に日本研究学科（定員四〇人）が設立され、学生は日本語だけでなく、日本の政治や経済、歴史や文化などさまざまなテーマを学んでいる。社会制度で日本から学んだ代表的なものが交番制度である。公共住宅団地内などシンガポール各地に交番が設置されて、日本に倣った安全な社会創りが始められた。

では、日本人はシンガポールをどうみているのだろうか。二〇〇九年にシンガポールを訪問した外国人は、第一位がＡＳＥＡＮ諸国の三六八万人、第二位が中国の九三万六七〇〇人、第三位がオーストラリアの九三万六五〇〇人、第四位が日本の七二万五六〇〇人である。一九八〇年代には日本が第一位だったが、近年はシンガポールを訪問する日本人観光客は減少傾向にある。また、二〇〇九年現在、シンガポールに長期滞在する日本人は約二万七〇〇〇人いるが、これも数年前と比べると減少気味である。

シンガポールに長期滞在する日本人の大半は企業の駐在員とその家族だが、注目されるのは、シンガポールの大学などで学ぶ留学生やシンガポールで働くことを希望する若い女性が少なくないことである。若い日本人女性がシンガポールに惹かれるのは、外国人の就業制限が厳しくないこと（ただ、ここ一、二年は政策が変更されたが）、アジアの国とはいえ英語がビジネス言語なこと、そして何よりも、日本と同様に治安が良く安全な街なことにある。

このことは、シンガポールと日本の交流は、観光客や企業の駐在員が多いというこれまでの「量的交流」から、一人ひとりが自分の夢やライフスタイルを追い求め、その実現をめざす「質的交流」に転換したことを意味している。ここから真の相互理解が生まれることが期待できるので、両国関係の展望は明るいと言えそうである。

あとがき

本書は、一年ほど前に思いがけなく、中央公論新社の中公新書部長・白戸直人さんから、シンガポール史を書いてみませんかと声を掛けてもらったことで、でき上がったものである。

筆者とシンガポールとの関わりは、いまから三三年前の一九八〇年三月末、当時勤務していたアジア経済研究所から、東南アジアについて勉強するためにシンガポールの東南アジア研究所に二年間派遣されたことで始まった。

このときは、マレーシアから分離独立した一九六五年から一五年経過しただけだったが、街や人々の様子には分離独立前後の混乱はまったく感じられず、むしろ現在と同じ政治安定と経済発展による豊かさがシンガポール全体に漂っていた。

滞在中にシンガポールの華人女性と結婚し、その後二人の娘が生まれ、子どもたちが高校生になるまでの頃は、毎年二回ほど家族一緒にシンガポールに里帰りした。滞在先はホテルではなく、伴侶の母親が住む公共住宅団地で、シンガポールの人々と同じような生活を体験した。こうしたこともあり、シンガポールを第二の故郷のように感じている。

最初の二年間の滞在を契機に、地域研究対象としてのシンガポールへの関心を深め、人民行動党の支配体制の構造、経済発展の仕組み、華人企業の実態など、政治と経済を中心にしたテーマを勉強してきた。振り返ってみると、すでに三〇年以上の時間が経過しており、最近は東南アジアやアジア全体の政治などの勉強にも手を広げていた。

本書執筆のために、あらためてシンガポールを勉強してみると、久しぶりに故郷に帰ったような懐かしさを感じた。と同時に、だいぶ時間を経て故郷を訪れた人ならば、誰でも感じると思うが、ほとんど変わっていない部分と、ずいぶんと変わった部分がみて取れた。

ほとんど変わっていないと感じたのは、人民行動党の経済発展を至上課題にした経済政策、エリートが国を動かす政治体制の仕組みである。

これは、リー・クアンユーが創り上げたシンガポールの最大の特徴だが、一九七〇年代後半にこの「形」ができ上がり、それがほとんど変化することなく、現在も続いていることをあらためて確認した。

ずいぶんと変わったと驚きに近い感じを持ったのは、二〇一一年五月の総選挙で少なからぬ国民が人民行動党批判、とりわけリー・クアンユーの統治スタイルを批判したことである。

アジア各国で民主化や自由化を求める運動が起こり、その担い手集団の一つが中間層なことから、アジア有数の中間層社会となったシンガポールは、いつこうした運動が起こるのだろうかと思っていたので、ついに起こったのかとの感慨を持った。

二〇一一年総選挙の翌月九州大学で開催された学会で、シンガポール政治が分科会のテーマに取り上げられ、筆者も報告者として参加する機会を得たが、シンガポール研究者である報告者三人とも、選挙結果にいささか興奮していたことを憶えている。おそらく、四年か五年後に実施が予想される総選挙が、「ポスト・リー・クアンユー時代」のシンガポールの新しいかたちを決める重要な機会になるのではないだろうか。書き終えた後も、シンガポールから目を離すことができない。

＊

本書を執筆し始めた当初は、いろいろと調べなければならないので、一年ほどかかるのではと思っていたが、予想外にはかどり半年ほどで書き上げた。政治や経済を専門にする筆者が、歴史や社会や国際関係などを視野に入れた通史を書くことができたのは、シンガポール、日本、欧米諸国における数多くのシンガポール研究の成果を参照できたことが大きい。これがなければ、本書もなかった。ただ、書き終えてみると、社会文化や普通の国民の意識や生活ぶりにはあまり触れられなかったと反省している。これは、政治や経済に主な関心がある筆者の限界でもある。

昨年末に原稿を提出した後、白戸さんの細かい疑問やあいまいな表現も見逃さない、厳しく丁寧なコメントがびっしりと書き込まれた原稿が戻ってきた。本書が、読みやすくなっているとしたら、編集のプロである白戸さんのご指導のたまものである。感謝したい。もちろん、内容についての責任は筆者にあることは言うまでもないことだが。

岩崎　育夫

二〇一三年初春

Tan, Kok Seng, "Son of Singapore: the Autobiography of a Coolie" Singapore, Heinemann Educational Books, 1972
Teo, Soh Lung, "Beyond the Blue Gate: Recollections of a Political Prisoner" Petaling Jaya, Strategic Information and Research Development Centre, 2010
Tremewan, Christopher, "The Political Economy of Social Control in Singapore" London, St. Martin's Press, 1994
Turnbull, C. M., "Dateline Singapore: 150 Years of the Straits Times" Singapore, Singapore Press Holdings, 1995
Vennewald, Werner, "Technocrats in the State Enterprise System of Singapore" Perth, Murdoch University, 1994
Wilson, H. E., "Social Engineering in Singapore" Singapore, Singapore University Press, 1978
Wong, Lin Ken, "The Trade of Singapore, 1819-69" Singapore, Tien Wah Press, 1961
Yap, Mui Teng, "Singaporean Overseas: a Study of Emigrants in Australia and Canada" Singapore, Institute of Policy Studies, 1991
Yeo, Kim Wah, "Political Development in Singapore, 1945-1955" Singapore, Singapore University Press, 1973

主要図版一覧

Collis, Maurice "Raffles"London, Faber and Faber, 1966 p.7
Makepeace, Walter and others ed. "One Hundred Years of Singapore Vol.2"Singapore, Oxford Univ. Press, 1991 p.11
Kreta Ayer Constituency "Kreta Ayer: Faces and Voices" Singapore, 1993 p.21
西岡香織『シンガポールの日本人社会史』芙蓉書房出版，1997年 p.33
People's Action Party "PAP 10th Anniversary Souvenir"Singapore, P.A.P Central Editorial Board, 1964 p.66, p.70
Lianhe Zaobao ed. "Lee Kuan Yew: a Pictorial Biography" Singapore, Lianhe Zaobao, 1994 p.79, p.84, p.148, p.155
Topfoto/Aflo p.62
AP/Aflo p.95, p.185, p.215
Reuters/Aflo p.187, p.209
共同通信 p.161
読売新聞社 p.100, p.135

Goh, Keng Swee, "The Practice of Economic Growth" Singapore, Federal Publications, 1977
Gomez, James, "Self Censorship: Singapore's Shame" Singapore, THINK Centre, 2000
Lee, Kuan Yew, "From Third World to First" Singapore, Singapore Press Holdings, 2000.
Lee, Kuan Yew, "The Singapore Story" Singapore, Singapore Press Holdings. 1998
Lee, Tsao Yuan, "Growth Triangle: the Johor-Singapore-Riau Experience" Singapore, Institute of Policy Studies, 1991
Leifer, Michael, "Singapore's Foreign Policy: Coping with Vulnerability" London, Routledge, 2000
Lim, Chong Yah and others, "Policy Options for the Singapore Economy" Singapore, McGraw-Hill, 1988
Low, Linda, "The Political Economy of a City-State: Government-made Singapore" Singapore, Oxford University Press, 1998
Low, Linda and others, "Challenge and Response: Thirty Years of the Economic Development Board" Singapore, Times Academic Press, 1993
Mirza, Hafiz, "Multinationals and the Growth of the Singapore Economy" London, Croom Helm, 1986
Nonis, George, "Hello Chok Tong, Goodbye Kuan Yew" Singapore, Flame of the Forest, 1991
Pang, Cheng Lian, "Singapore's People's Action Party: its History, Organization and Leadership" Singapore, Oxford University Press, 1971
Quah, Stella and others, "Social Class in Singapore" Singapore, Times Academic Press, 1991
Rodan, Garry, "The Political Economy of Singapore's Industrialization: National State and International Capital" London, Macmillan, 1989（田村慶子・岩崎育夫訳『シンガポール工業化の政治経済学－国家と国際資本』三一書房，1992年）
Rodan, Garry, "Singapore Changes Guard : Social, Political and Economic Directions in the 1990s" Melbourne, Longman Cheshire, 1993
Rodan, Garry ed., "Political Opposition in Industrializing Asia" London, Routledge, 1996
Schein, Edgar, "Strategic Pragmatism: the Culture of Singapore's Economic Development Board" Cambridge, MIT Press, 1996
Song, Ong Siang, "One Hundred Years' History of the Chinese in Singapore" Singapore, Oxford University Press, 1984

主要参考文献

リー・クーンチョイ（花野敏彦訳）『南洋華人－国を求めて』サイマル出版会，1987年
山下清海『シンガポールの華人社会』大明堂，1988年

Association of Muslim Professionals, “The Future of Civil Society in Singapore” Singapore, 1997
Alten, Florian von, “The Role of Government in Singapore Economy” Frankfurt am Main, Peter Lang, 1995
Bedlington, Stanley, “Malaysia and Singapore: the Building of New States” Ithaca, Cornell University Press, 1978
Bellows, Thomas, “The People's Action Party of Singapore: Emergence of a Dominant Party System” New Haven, Yale University Southeast Asian Studies, 1970
Bloodworth, Dennis, “The Tiger and the Trojan Horse” Singapore, Times Books International, 1986
Castells, Manuel, “The Developmental City-State in an Open World Economy: the Singapore Experience” Berkeley, University of California Press, 1988
Chan, Chin Bok and others, “Heart Work: Stories of How EDB Steered the Singapore Economy from 1961 to 21st Century” Singapore, EDB, 2002
Chan, Heng Chee, “The Dynamics of One Party Dominance: the PAP at the Grass-roots” Singapore, Singapore University Press, 1976
Chee, Soon Juan, “Dare to Change: an Alternative Vision for Singapore” Singapore, Singapore Democratic Party, 1994
Cheng, Lim Keak, “Social Change and the Chinese in Singapore” Singapore, Singapore University Press, 1985
Chiang, Hai Ding, “A History of Straits Settlements Foreign Trade, 1870-1915” Singapore, National Museum, 1978
Deyo, Frederic C., “Dependent Development and Industrial Order: an Asian Case Study” New York, Praeger, 1981
Drysdale, John, “Singapore: Struggle for Success” Singapore, Times Books International, 1984.
Fletcher, N. McHenry, “The Separation of Singapore from Malaysia” Ithaca, Cornell University Press, 1969
Fong, Sip Chee, “The PAP Story: the Pioneering Years” Singapore, PAP Chai Chee Branch, 1979
Goh, Keng Swee, “The Economics of Modernization and other Essays” Singapore, Asia Pacific Press, 1972

1994年
太田勇『国語を使わない国－シンガポールの言語環境』古今書院，1994年
黄彬華・呉俊剛編（田中恭子訳）『シンガポールの政治哲学－リー・クアンユー首相演説集（上）（下）』井村文化事業社，1988年
許雲樵・蔡史君（田中宏・福永平和訳）『日本軍占領下のシンガポール－華人虐殺事件の証明』青木書店，1986年
コリス，M.（根岸富二郎訳）『ラッフルズ－その栄光と苦悩』アジア経済研究所，1969年
清水洋『シンガポールの経済発展と日本』コモンズ，2004年
清水洋・平川均『からゆきさんと経済進出－世界経済の中のシンガポール・日本関係史』コモンズ，1998年
白石隆『海の帝国－アジアをどう考えるか』中公新書，2000年
シンガポール市政会編著『昭南特別市－戦時中のシンガポール』日本シンガポール協会，1986年
竹下秀邦『シンガポール－リー・クアンユウの時代』アジア経済研究所，1995年
田中恭子『国家と移民－東南アジア華人世界の変容』名古屋大学出版会，2002年
田中恭子『シンガポールの奇跡－お雇い教師の見た国づくり』中公新書，1984年
田村慶子『シンガポールの国家建設－ナショナリズム、エスニシティ、ジェンダー』明石書店，2001年
田村慶子『「頭脳国家」シンガポール－超管理の彼方に』講談社現代新書，1993年
田村慶子編『シンガポールを知るための62章』明石書店，2009年
中村都『シンガポールにおける国民統合』法律文化社，2008年
西岡香織『シンガポールの日本人社会史－「日本小学校」の軌跡』芙蓉書房出版，1997年
橋本和孝『シンガポール・ストリート－超近代都市を見つめて』ハーベスト社，2010年
林俊昭編『シンガポールの工業化－アジアのビジネス・センター』アジア経済研究所，1990年
林博史『シンガポール華僑粛清－日本軍はシンガポールで何をしたのか』高文研，2007年
丸谷浩明『都市整備先進国・シンガポール－世界の注目を集める住宅・社会資本整備』アジア経済研究所，1995年
村岡伊平治『村岡伊平治自伝』講談社文庫，1987年
リー・クアンユー（田中恭子訳）『中国・香港を語る』穂高書店，1993年

主要参考文献

通史・年報・事典など

アジア経済研究所『アジア動向年報』
岩崎育夫『リー・クアンユー―西洋とアジアのはざまで』岩波書店，1996年

Chew, Ernest C. T. and Edwin Lee, ed., “A History of Singapore” Singapore, Oxford University Press, 1991
Government of Singapore, “The Next Lap” Singapore, 1991
Low, Kar Tiang ed., “Who’s Who in Singapore” Singapore, Who’s Who Publishing, 2003
People’s Action Party, “For People Through Action by Party, 1954-1999” Singapore, 1999
Singapore. Dept. of Statistics, “Census of Population”
Singapore. Dept. of Statistics, “Yearbook of Statistics Singapore”
Singapore. Ministry of Education, “History of Singapore” Longman, 1984
Singapore. Ministry of Education, “Social and Economic History of Modern Singapore” 2 v. Longman, 1984
Singapore. Ministry of Trade and Industry, “Economic Survey of Singapore”
Singapore. National Heritage Board, “Singapore: the Encyclopedia” 2006
Turnbull, C. M., “A History of Singapore, 1819-1988” 2nd ed. Singapore, Oxford University Press, 1989

一般書など

秋田茂『イギリス帝国の歴史－アジアから考える』中公新書，2012年
アブドゥッラー（中原道子訳）『アブドゥッラー物語－あるマレー人の自伝』平凡社，1980年
伊賀司「マレーシアとシンガポールにおける政治変動」（『海外事情』2012年４月号） 74～92頁
板谷大世「IT社会－シンガポールにおけるサイバースペースの現状」（唐木他編『現代アジアの統治と共生』慶應義塾大学出版会，2002年）245～261頁
岩崎育夫『アジア二都物語－シンガポールと香港』中央公論新社，2007年
岩崎育夫『シンガポール国家の研究』風響社，2005年
岩崎育夫『シンガポールの華人系企業集団』アジア経済研究所，1990年
岩崎育夫編『アジアと市民社会』アジア経済研究所，1998年
岩崎育夫編『開発と政治－ASEAN諸国の開発体制』アジア経済研究所，

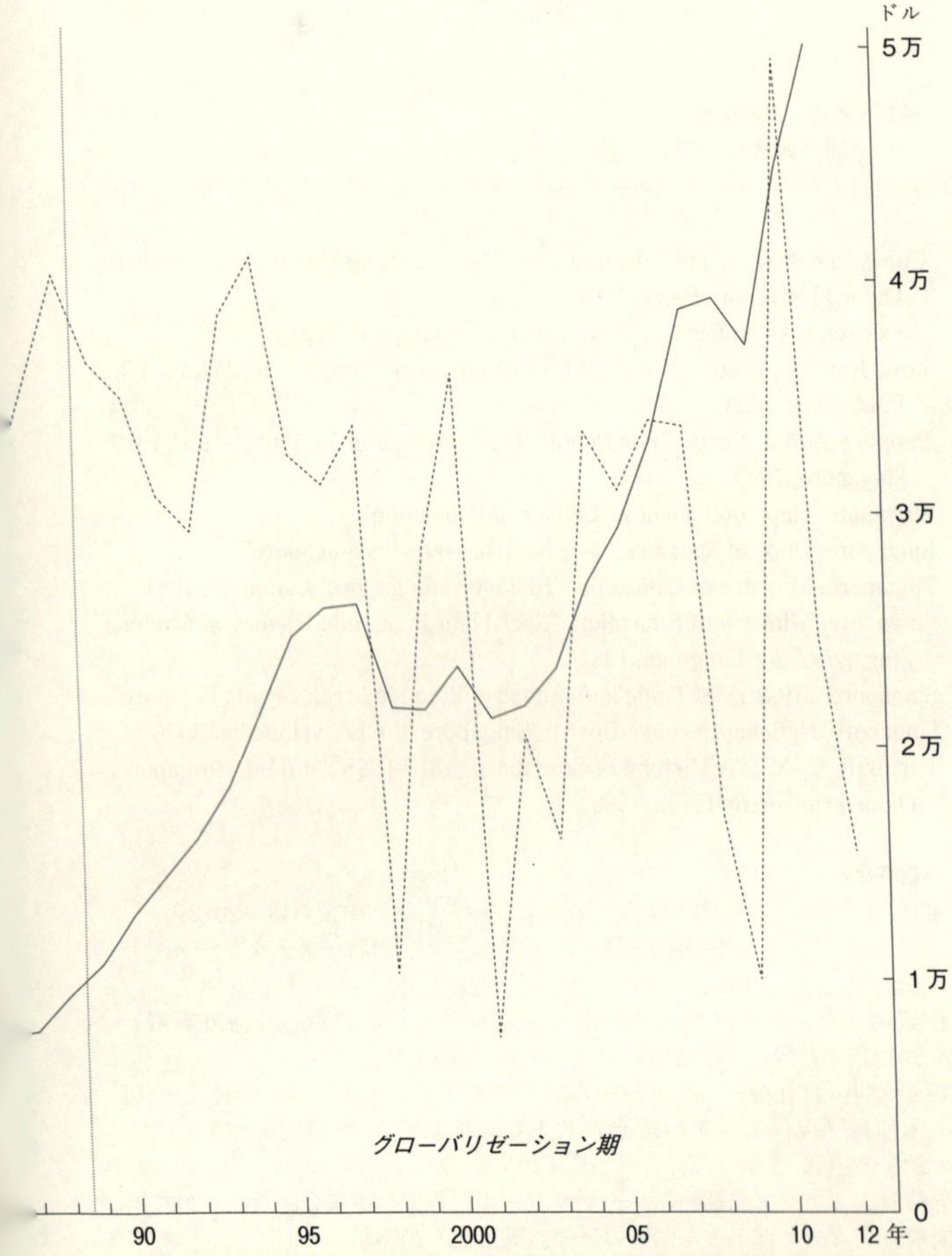

Statistics Singapore をもとに作成．一人当たりの GDP は Singapore Department of

経済成長率と一人当たりのGDP推移

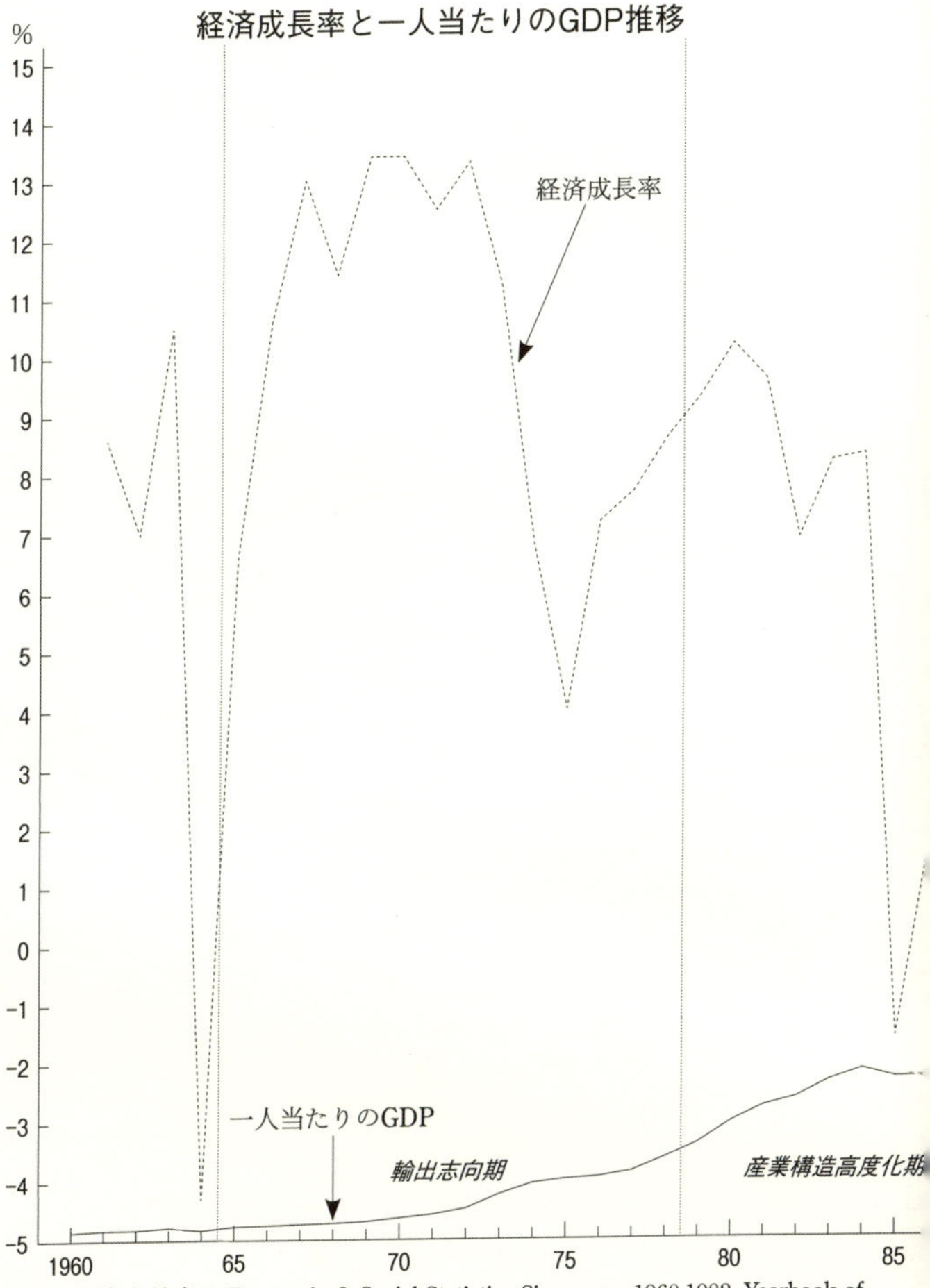

出所：経済成長率は Economic & Social Statistics Singapore, 1960-1982, Yearbook of Statistics

註：斜体の文字は経済時期区分

1998	シンガポールとマレーシア・ジョホール州を結ぶ2番目の橋が開通
2000	閣僚と高級官僚の給与，再度大幅引上げ
2001	総選挙，人民行動党82議席，野党2議席
2002	9 イスラーム過激派容疑者21人が逮捕さる
2004	8.12 ゴー首相が退任，リー・シェンロンが新首相に就任（2004～）
	総合的な出産奨励政策の開始
2005	シンガポール国立大学，「リー・クアンユー公共政策大学院」新設
2006	マレーシア・ジョホール州，「イスカンダル地域総合開発計画」発表
	5 総選挙，人民行動党82議席，野党2議席
2007	この頃から外国人労働者が増える
2010	カジノ（2ヵ所）がオープン
2011	5.7 総選挙，人民行動党81議席，野党が6議席を獲得
	5.14 リー顧問相とゴー上級相，閣僚を辞任
	マレーシア鉄道のタンジョンパガー駅閉鎖
	8 大統領選挙で人民行動党候補トニー・タンが辛勝
2012	閣僚と高級官僚の給与引下げを発表
	補欠選挙で野党勝利
2015	3.23 リー・クアンユー死去

1968	4 分離独立後，最初の総選挙で人民行動党全議席独占
	アジア・ダラー市場オープン
1971	英連邦5ヵ国が防衛協定を締結
	『南洋商報』編集者，国内治安法で逮捕さる
1972	9 総選挙で人民行動党全議席独占
	全国賃金評議会創設
1973	変動相場制に移行
	日本赤軍，シンガポール沖の石油精製所襲撃
1976	12 総選挙で人民行動党圧勝
1978	為替管理を全面撤廃
1979	「産業構造高度化」政策の開始
	「スピーク・マンダリン」キャンペーン始まる
1980	南洋大学とシンガポール大学が合併してシンガポール国立大学に
	12 総選挙で人民行動党圧勝
1981	補欠選挙で，野党労働者党ジェヤレトナムが当選
1984	12 総選挙で野党2議席を獲得
1987	「マルクス主義者陰謀事件」，国内治安法で22人逮捕さる
	地下鉄（MRT）開業
1988	選挙区制度の改革，集団選挙区の導入
	9 総選挙，人民行動党勝利
1989	「成長の三角地帯」プロジェクト始まる
	政府，アメリカ軍の軍事施設利用を認める
1990	9 中国と国交樹立
	11.26 リー・クアンユー退任，後任首相にゴー・チョクトン（1990～2004）
1991	「国民共有価値白書」発表
	「ネクスト・ラップ」発表
	8 総選挙で野党4議席獲得，人民行動党の得票率も低下
	「戦略経済計画」発表
1992	リー・クアンユーが人民行動党書記長を辞任，後任はゴー首相
1993	第1回大統領公選，人民行動党候補が勝利
	中国との「蘇州工業団地開発」プロジェクトがスタート
1994	6「家族価値白書」発表
1995	1 閣僚や高級官僚給与の大幅引上げ
	8 トニー・タンが閣僚に復帰し，副首相兼国防相に就任
1996	インド・バンガロールで「情報技術工業団地」建設始まる
1997	1.3 総選挙で人民行動党圧勝

1945	9 イギリスが復帰
1946	4 シンガポール，イギリス直轄植民地となる
1948	戦後最初の立法評議会選挙
	6 マラヤ共産党武装蜂起，非常事態宣言発令（～60）
1949	マラヤ大学創立（62年にシンガポール大学と改称）
1954	中華学校生のデモ隊，警察と衝突
	11.21 人民行動党（PAP）結成
1955	4 立法議会選挙で労働戦線が勝利，マーシャルが初代首相に就任
	南洋大学開校
1956	6 マーシャル辞任，後継首相にリム・ユーホックが就任
	イギリスとの第1回独立交渉始まる
	中華学校生の暴動発生
1957	人民行動党のオン・エングエンがシンガポール市長に当選
	マレーシア独立
1959	シンガポール，英連邦内自治州になる
	5.30 総選挙で人民行動党勝利
	6.3 リー・クアンユー，首相に就任（1959～90）
	マレー語が国語（州語）になる
1960	住宅開発庁（HDB）創設
1961	経済開発庁（EDB）創設
	5 マレーシアのラーマン首相，シンガポールとの合併を容認
	7 人民行動党分裂，共産系グループが社会主義戦線を結成
1962	9 マレーシア加盟是非をめぐる国民投票実施，73.8%が賛成
	日本占領時代の「血債問題」発生
1963	2「コールドストア作戦」で，共産系グループの主要指導者を逮捕
	9.16 シンガポール，マレーシアの連邦に加盟
	インドネシアのマレーシア対決政策
	9.21 シンガポール州議会選挙，人民行動党勝利
1964	9 人民行動党，マレー半島部の選挙に参加し惨敗
	7 華人とマレー人の民族暴動発生，死者23人，9月にも再発生
1965	8.9 シンガポール，マレーシアから追放され，単独独立国家となる
1967	6 シンガポールドルの使用開始（マレーシアと通貨の分離）
	7 イギリス，スエズ以東駐留軍の撤退を発表（71年に撤退完了）
	8 東南アジア諸国連合（ASEAN）結成

シンガポール関連年表

年	主な事項
1819	ラッフルズ，シンガポール島の一部をイギリス領とする
1824	シンガポール全島がイギリス領になる
1826	シンガポール，マラッカ，ペナンの３都市で海峡植民地形成
1830	海峡植民地政府，警察を創設
1832	シンガポール，海峡植民地の首都になる
1836	最初の英語学校が開校
1837	イギリス商工会議所設立
	ラッフルズ学院開校
1840	最初のイギリス銀行が開業
1843	タン・トクセン病院開院
1849	最初の中国人学校が開校
1859	フォートカニング要塞が完成
	ボタニック・ガーデン（植物園）が開園
1864	タンジョンパガー造船所がオープン
1867	海峡植民地，イギリス本国の統治下に移る
	行政評議会と立法評議会設立
1871	シンガポール・ロンドン間の電信が開通
1872	最初のマレー人学校が開校
1877	「中国人保護局」創設
1880	人力車が登場する
1890	ブラニ島にスズ製錬所がオープン
1900	「海峡華英協会」創設
	1900年代初め頃から「からゆきさん」が増える
1906	「中華総商会」創設
1911	マレーシア鉄道が開通
1914	スルタン・モスク建立
1915	インド人兵士の反英暴動発生（後に反乱者36人を処刑）
1919	最初の華語高等教育校の中華中学創立
1923	9.16 リー・クアンユー，シンガポールに生まれる
1927	中国人共産主義者の反英暴動発生
1930	マラヤ共産党結成
1942	2.15 日本軍，シンガポールを占領，「昭南島」と改名
1945	8.15 第２次世界大戦で日本敗戦

岩崎育夫（いわさき・いくお）

1949（昭和24）年長野県生まれ．立教大学文学部卒業．アジア経済研究所地域研究第１部主任調査研究員，拓殖大学国際学部教授を経て，現在，アジア研究者．
著書『リー・クアンユー』（岩波書店，1996年）
　『華人資本の政治経済学』（東洋経済新報社，1997年．第10回アジア・太平洋賞特別賞）
　『アジア政治をみる眼』（中公新書，2001年）
　『シンガポール国家の研究』（風響社，2005年）
　『アジア政治とは何か』（中公叢書，2009年）
　『アジアの国家史』（岩波現代全書，2014年）
　『世界史の図式』（講談社選書メチエ，2015年）
　『入門 東南アジア近現代史』（講談社現代新書，2017年）
　『アジア近現代史』（中公新書，2019年）
　『近代アジアの啓蒙思想家』（講談社選書メチエ，2021年）
　など

物語《ものがたり》 シンガポールの歴史《れきし》
中公新書 *2208*

2013年３月25日初版
2022年７月30日８版

著　者　岩崎育夫
発行者　安部順一

本文印刷　三晃印刷
カバー印刷　大熊整美堂
製　　本　小泉製本

発行所　中央公論新社
〒100-8152
東京都千代田区大手町 1-7-1
電話　販売 03-5299-1730
　　　編集 03-5299-1830
URL https://www.chuko.co.jp/

Published by CHUOKORON-SHINSHA, INC.
Printed in Japan　ISBN978-4-12-102208-0 C1222

中公新書刊行のことば

いまからちょうど五世紀まえ、グーテンベルクが近代印刷術を発明したとき、書物の大量生産は潜在的可能性を獲得し、いまからちょうど一世紀まえ、世界のおもな文明国で義務教育制度が採用されたとき、書物の大量需要の潜在性が形成された。この二つの潜在性がはげしく現実化したのが現代である。

いまや、書物によって視野を拡大し、変りゆく世界に豊かに対応しようとする強い要求を私たちは抑えることができない。この要求にこたえる義務を、今日の書物は背負っている。だが、その義務は、たんに専門的知識の通俗化をはかることによって果たされるものでもなく、通俗的好奇心にうったえて、いたずらに発行部数の巨大さを誇ることによって果たされるものでもない。現代を真摯に生きようとする読者に、真に知るに価いする知識だけを選びだして提供すること、これが中公新書の最大の目標である。

私たちは、知識として錯覚しているものによってしばしば動かされ、裏切られる。私たちは、作為によってあたえられた知識のうえに生きることがあまりに多く、ゆるぎない事実を通して思索することがあまりにすくない。中公新書が、その一貫した特色として自らに課すものは、この事実のみの持つ無条件の説得力を発揮させることである。現代にあらたな意味を投げかけるべく待機している過去の歴史的事実もまた、中公新書によって数多く発掘されるであろう。

中公新書は、現代を自らの眼で見つめようとする、逞しい知的な読者の活力となることを欲している。

一九六二年一一月

中公新書

世界史

e1

2683	人類の起源	篠田謙一
1353	物語 中国の歴史	寺田隆信
2392	中国の論理	岡本隆司
7	宦官《かんがん》(改版)	三田村泰助
15	科挙《かきょ》	宮崎市定
12	史記	貝塚茂樹
2099	三国志	渡邉義浩
2669	古代中国の24時間	柿沼陽平
2303	殷―中国史最古の王朝	落合淳思
2396	周―理想化された古代王朝	佐藤信弥
2542	漢帝国―400年の興亡	渡邉義浩
2667	南北朝時代―五胡十六国から隋の統一まで	会田大輔
1812	西太后《せいたいこう》	加藤徹
2030	上海	榎本泰子
1144	台湾	伊藤潔
2581	台湾の歴史と文化	大東和重
925	物語 韓国史	金両基
1367	物語 フィリピンの歴史	鈴木静夫
1372	物語 ヴェトナムの歴史	小倉貞男
2208	物語 シンガポールの歴史	岩崎育夫
1913	物語 タイの歴史	柿崎一郎
2249	物語 ビルマの歴史	根本敬
1551	海の帝国	白石隆
2518	オスマン帝国	小笠原弘幸
2323	文明の誕生	小林登志子
2523	古代オリエントの神々	小林登志子
1818	シュメル―人類最古の文明	小林登志子
1977	シュメル神話の世界	岡田明子 小林登志子
2613	古代メソポタミア全史	小林登志子
2661	アケメネス朝ペルシア―史上初の世界帝国	阿部拓児
1594	物語 中東の歴史	牟田口義郎
2496	物語 アラビアの歴史	蔀勇造
1931	物語 イスラエルの歴史	高橋正男
2067	物語 エルサレムの歴史	笈川博一
2205	聖書考古学	長谷川修一
2647	高地文明	山本紀夫
2253	禁欲のヨーロッパ	佐藤彰一
2409	贖罪のヨーロッパ	佐藤彰一
2467	剣と清貧のヨーロッパ	佐藤彰一
2516	宣教のヨーロッパ	佐藤彰一
2567	歴史探究のヨーロッパ	佐藤彰一

中公新書

世界史

- 1045 物語 イタリアの歴史　藤沢道郎
- 1771 物語 イタリアの歴史 II　藤沢道郎
- 2508 貨幣が語る ローマ帝国史　比佐篤
- 2595 ビザンツ帝国　中谷功治
- 2663 物語 イスタンブールの歴史　宮下遼
- 2152 物語 近現代ギリシャの歴史　村田奈々子
- 2440 バルカン―「ヨーロッパの火薬庫」の歴史　M・マゾワー　井上廣美訳
- 1635 物語 スペインの歴史　岩根圀和
- 1750 物語 スペインの歴史 人物篇　岩根圀和
- 1564 物語 カタルーニャの歴史（増補版）　田澤耕
- 2582 百年戦争　佐藤猛
- 2658 物語 パリの歴史　福井憲彦
- 1963 物語 フランス革命　安達正勝
- 2286 マリー・アントワネット　安達正勝
- 2466 ナポレオン時代　A・ホーン　大久保庸子訳

- 2529 ナポレオン四代　野村啓介
- 2318 2319 物語 イギリスの歴史（上下）　君塚直隆
- 2696 物語 スコットランドの歴史　中村隆文
- 2167 イギリス帝国の歴史　秋田茂
- 1916 ヴィクトリア女王　君塚直隆
- 1215 物語 アイルランドの歴史　波多野裕造
- 1420 物語 ドイツの歴史　阿部謹也
- 2304 ビスマルク　飯田洋介
- 2490 ヴィルヘルム2世　竹中亨
- 2583 鉄道のドイツ史　鴋澤歩
- 2546 物語 オーストリアの歴史　山之内克子
- 2434 物語 オランダの歴史　桜田美津夫
- 2279 物語 ベルギーの歴史　松尾秀哉
- 1838 物語 チェコの歴史　薩摩秀登
- 2445 物語 ポーランドの歴史　渡辺克義
- 1131 物語 北欧の歴史　武田龍夫
- 2456 物語 フィンランドの歴史　石野裕子

- 1758 物語 バルト三国の歴史　志摩園子
- 1655 物語 ウクライナの歴史　黒川祐次
- 1042 物語 アメリカの歴史　猿谷要
- 2209 アメリカ黒人の歴史　上杉忍
- 2623 古代マヤ文明　鈴木真太郎
- 1437 物語 ラテン・アメリカの歴史　増田義郎
- 1935 物語 メキシコの歴史　大垣貴志郎
- 1547 物語 オーストラリアの歴史　竹田いさみ
- 2545 物語 ナイジェリアの歴史　島田周平
- 1644 ハワイの歴史と文化　矢口祐人
- 2561 キリスト教と死　指昭博
- 2442 海賊の世界史　桃井治郎
- 518 刑吏の社会史　阿部謹也

中公新書

現代史

f 1

2105 昭和天皇　古川隆久
2687 天皇家の恋愛　森　暢平
2309 朝鮮王公族—帝国日本の準皇族　新城道彦
2482 日本統治下の朝鮮　木村光彦
632 海軍と日本　池田　清
2703 帝国日本のプロパガンダ　貴志俊彦
2192 政友会と民政党　井上寿一
1138 キメラ—満洲国の肖像（増補版）　山室信一
2348 日本陸軍とモンゴル　楊　海英
2144 昭和陸軍の軌跡　川田　稔
2587 五・一五事件　小山俊樹
76 二・二六事件（増補改版）　高橋正衛
2059 外務省革新派　戸部良一
1951 広田弘毅　服部龍二
2657 平沼騏一郎　萩原　淳

795 南京事件（増補版）　秦　郁彦
84 90 太平洋戦争（上下）　児島　襄
2465 日本軍兵士—アジア・太平洋戦争の現実　吉田　裕
2387 戦艦武蔵　一ノ瀬俊也
2525 硫《い》黄《おう》島《とう》　石原　俊
2337 特攻—戦争と日本人　栗原俊雄
244 248 東京裁判（上下）　児島　襄
2015 「大日本帝国」崩壊　加藤聖文
2296 日本占領史 1945-1952　福永文夫
2411 シベリア抑留　富田　武
2471 戦前日本のポピュリズム　筒井清忠
2171 治安維持法　中澤俊輔
1759 言論統制　佐藤卓己
828 清沢《きよさわ》洌《きよし》（増補版）　北岡伸一
2638 幣原喜重郎　熊本史雄
1243 石橋湛山　増田　弘
2515 小泉信三—天皇の師として、自由主義者として　小川原正道

2707 大東亜共栄圏　安達宏昭

現代史

f 2

2570 佐藤栄作 村井良太
2186 田中角栄 早野透
1976 大平正芳 福永文夫
2351 中曽根康弘 服部龍二
2512 高坂正堯―戦後日本と現実主義 服部龍二
1574 海の友情 阿川尚之
1875 「国語」の近代史 安田敏朗
2075 歌う国民 渡辺裕
2332 「歴史認識」とは何か 大沼保昭 江川紹子
1804 戦後和解 小菅信子
1900 「慰安婦」問題とは何だったのか 大沼保昭
2624 「徴用工」問題とは何か 波多野澄雄
2359 竹島―もうひとつの日韓関係史 池内敏
1820 丸山眞男の時代 竹内洋
2237 四大公害病 政野淳子
1821 安田講堂 1968-1969 島泰三
2110 日中国交正常化 服部龍二
2150 近現代日本史と歴史学 成田龍一
2196 大原孫三郎―善意と戦略の経営者 兼田麗子
2317 歴史と私 伊藤隆
2301 核と日本人 山本昭宏
2627 戦後民主主義 山本昭宏
2342 沖縄現代史 櫻澤誠
2543 日米地位協定 山本章子
2649 東京復興ならず 吉見俊哉